郭绍华/著

元间简史

YUANJIAN JIANSHI

知识产权出版社
全国百佳图书出版单位
——北京——

图书在版编目（CIP）数据

元间简史 / 郭绍华著 . —北京：知识产权出版社，2023.7
ISBN 978－7－5130－8783－4

Ⅰ.①元…　Ⅱ.①郭…　Ⅲ.①哲学—通俗读物　Ⅳ.①B－49

中国国家版本馆 CIP 数据核字（2023）第 100004 号

责任编辑：罗　慧　　　　　　　　　　责任校对：谷　洋
封面设计：杨杨工作室·张冀　　　　　责任印制：刘译文

元间简史

郭绍华　著

出版发行：知识产权出版社 有限责任公司		网　　址：http://www.ipph.cn	
社　　址：北京市海淀区气象路 50 号院		邮　　编：100081	
责编电话：010－82000860 转 8343		责编邮箱：lhy734@126.com	
发行电话：010－82000860 转 8101/8102		发行传真：010－82000893/82005070/82000270	
印　　刷：三河市国英印务有限公司		经　　销：新华书店、各大网上书店及相关专业书店	
开　　本：720mm×1000mm　1/16		印　　张：13	
版　　次：2023 年 7 月第 1 版		印　　次：2023 年 7 月第 1 次印刷	
字　　数：192 千字		定　　价：78.00 元	
ISBN 978－7－5130－8783－4			

出版权专有　侵权必究
如有印装质量问题，本社负责调换。

衷心感谢潘民曦先生的相识，相知，相助！

序:"元间"是什么

"元间"是一个新概念,一个新的哲学范畴。

有必要提出这个新范畴吗?

哲学的兴趣在于探究最基本的存在者及其存在方式,或者说探究这个世界背后的原因和方式。如果要问现有的哲学本体论方案,那诸如物质、精神、存在、质料与形式的辩证统一等,算不算合格的本体论方案?

笔者以为,它们至少有两个缺陷:

第一,这些概念都还可以进一步追究,可以分解的就不会是最基础的,就还没有达到"最基本"的程度。

第二,在我们的日常生活中,除了"物质"和"精神"这些范畴之外,还会经常面对诸如时间、空间、能量、力、维度、纠缠、自然规律、结构、信息、模式、程序、图形、数、软件、人工智能……许许多多的概念,这些都不能用物质或精神范畴准确地表述和涵盖。实际上,从古至今,上述概念再加上思维、意识、情感、欲望、诗歌、游戏之类,极少被人作为一个统一的整体看待,或者可说几乎没有人从这些概念中得出它们的共同因素。

不具有彻底的外延性,就不足以作为本体论方案的选项。

对于第一个缺陷,需要对所有现成的本体论方案进行再次抽象,把抽象进行到底,直至极限。

对于第二个缺陷,需要对上述这一系列看起来复杂丰富的概念进行再次抽象,得出它们的共同因素。

通过第一个抽象,获得的结果是"差别和差别者",具体的差别就是"差别形式"。比如,时间产生之前应该没有时间,那么要问时间出现之前的"时间"是什么,"时间"这个概念就不敷使用了,需要用更一般的"差别"来描述时间的本质。

通过第二个抽象也可得到"差别形式",可以将所有的"差别形式"表达为"元间"这个词。例如,大家最经常说的"信息",就可以归结为一种元间的外在形式,一种传递过程中的元间。

具有世间一切事物特征的概念当然会是最抽象最单纯的,与如今绚丽缤纷的世界之间有着巨大的差异。如果我们相信那个最抽象最单纯的不仅是一个概念,而就是世界本原的面目,那么,世界就应当是从这个最简单的原点状态向目前状态演变积累的过程。换言之,本原只能是一个起点,世界演化史实际上就是这个本原自身成长发育的历史,上述的种种概念和范畴就都应当在这个历史坐标轴上找到相应的位置。

采纳"元间"这个新范畴的前提是,必须证明这个范畴自身也是一个演化过程。如果元间的定义是差别者之间的差别形式,那么,"差别形式"就会是一个演变和进化的历史,也就是一部元间本身的演化史。

既然把自然规律也归类于一种元间,自然规律就只能也是一部发生、发展的历史,也因此属于元间发展史的一部分。

这本小书打算从差别和差别者这个假定的本原出发,简要地追溯元间的演变过程,有可能的话,也尝试探寻一下它的未来前景和趋势。

我是一名工程师,酷爱发明创造,同时也是一个热忱的哲学爱好者。苦恼的是,我始终像一头徘徊于两堆草之间的驴,当决定吃其中一堆时,心中萦绕着的却是另一堆草鲜美的诱惑,就会产生立刻回头的强烈冲动,大部分时间在两堆草之间频繁转换,过着左右为难、忍饥挨饿的日子。

好在天可怜见儿的,有一个特别幸运的机会,迫使我在同一片草场上多待了些时日,获得了 7 年全职静修的宝贵时光,匆匆写就《逻辑起源》《需求的极限》,系统整理和表述了自己的心得。之后,技痒难耐,毫无悬念地转移到了另一片草场,又用了 8 年时间,侥幸研制了一种能大幅提高重污染烟气粉尘过滤精度的材料和方法,相比传统技术,效率提高了 1000 倍,从毫克级陡然进步到微克级,而且也为治理挥发性气体(VOC)

寻找到一条新的可能的技术途径，可谓第四代空气净化滤材。虽然眼前豁然出现了即将成功的诱人画面，然而，上课铃声又在耳边响起，转场的季节到了，回到书桌的冲动再次涌上心头。这次就没那么容易了，作为工程师，可以放弃利益，但不能逃避责任。有缘的是，上天为我安排了一位相知相助的合作伙伴，最后的解决方案是将每次转场切换的周期压缩到五天/两天，实际情况还要宽松许多。命运如此，三生有幸。

人脑的能力毕竟极为有限，如此频繁地在不同领域之间高速切换是一件极其困难的事情，很多问题都要重新回忆，难以形成连贯的思维。但是久而久之，我逐渐也体会到这种节奏居然隐藏着一种特殊效果，不仅可以在现实生活中不忘冥冥中的自然法则，也可以在仰望星空的时候不被绊倒，给两种思考都留下足够长的萌生、孕育、调整、反省的静默期，多了些再醒一醒的机会。

引以为傲的是两个宝贝女儿。大女儿叫"晴晴"，她称呼我为"大木桶"，因为她小时候，我每天讲着《大木桶》的童话故事哄她入眠。尽管这个故事讲了无数次，但她依然不倦，直到她开始用这个故事哄我入眠，之后悄悄带上门离开。现在她已经是生物学博士了。

小女儿叫"晨晨"，她称呼我为"修理的"，因为家里无论什么东西坏了，都是我来修理，她觉得很酷，就抢着动手干活，有模有样的，偶有成绩就会得意地说："我才是修理的。"不过这个职位她一时还抢不到手，离出师还很遥远，特别是她如今在太平洋彼岸攻读算法方向的博士，暂不负责家里的维修了。

我的妻子是个计算机工程师。这些年她忧心忡忡地看着我时而蛰伏书桌、时而潜心实验室、时而奔波在高污染工地现场的高反差生活状态，默默承受着由于我"奢侈"的选择带来的剧烈动荡，面对收入减少、巨额负债、房屋抵押，帮我照顾父母、筹措学费、辅导功课、上班挣钱，照顾我工伤骨折……甚至在酸雾弥漫的熔铅、沥青、橡胶车间戴着防毒面具陪我熬过一个个骄阳似火的日子，始终跟在我身后不声不响地打理好一切。她不仅是我第一个读者和评论员，还共同完成了新材料及其应用技术的研发工作。对此，我始终心存歉疚，也更深深感激。

◆◆◆ 元间简史

  她对我的称呼格外传统——"相公",我尊称她以"娘子",翻遍了词典中关于夫妻互称的条目,只有这个穷秀才家庭里的呼唤更贴切。每当使用,心中自然会浮现出京剧念白中那悠长抑扬的拖腔,忍俊不禁。

  也许是耳濡目染,她们对哲学也都有所关注和兴趣,饭后闲谈、书信往来、微信博客,总难免涉及这方面的内容。

  元间的故事就从这些聊天中开始吧。

2023.05.20 于深圳缔梦园

目 录
CONTENTS

立 意   1
    元间是一个发育成长的过程 / 6

本原问题   9
    可疑的唯物论和唯心论 / 11
    几种本原方案 / 14
    辩证法 / 17
    本原也是可变的 / 20

抽象方法   22
    唯物论和唯心论的局限 / 27
    抽象方法的角度和限度 / 29
    物质与结构 / 31
    作为本体论方案的"存在" / 33
    对这些本原方案的再次抽象 / 35
    差别与差别者 / 36

将抽象进行到底   40
    纯粹差别和元子 / 42
    哲学与科幻 / 43

元子之境 / 45

无限维 / 47

初始元间 / 52

菩提树下　53

把进化论贯彻到底 / 53

元间概念 / 58

物质是一种差别者和差别形式的对立统一体 / 61

物质与元间的世界 / 65

寻找形而上的勘探小分队　67

定义域和出发点 / 69

三个勘探区划分 / 70

一号勘探区　71

一号勘探区独特的研究方法 / 71

拒斥形而上 / 74

"A＝A"的困境 / 75

物质唯一性假说 / 76

元间的革命　80

元间转移 / 80

元间转移的进化 / 81

遗传与变异 / 83

"自我"的萌芽 / 84

传感器和感觉器官 / 85

元间被抽象了 / 88

目录

二号勘探区　　　　　　　　　　　　　　　　　　　　　　　　　90

  分析思维 / 90

  比较的极限 / 92

  先天判断如何可能 / 94

  元间的比较 / 96

  物质与元间的实体和元间实体 / 97

虚无缥缈的形而上　　　　　　　　　　　　　　　　　　　　　99

  天理自在人心 / 101

  主观唯心主义陷阱 / 102

  元间二厂 / 104

  元间二厂的两种原材料 / 104

  元间的分解与元间抽象 / 105

  元间组合与演绎 / 107

  元间组合的效率 / 109

  元间输出能力短缺产生的压力 / 110

  抽象和概念能力的起源 / 111

三号勘探区　　　　　　　　　　　　　　　　　　　　　　　　114

  元间输出的发展 / 116

  元间组合的任意性和规则性 / 118

  初始元间的约定性 / 120

  元间事实与元间客观性 / 121

  规则的条件性和限制性 / 122

  无限的元间可能性，有限的物质可能性 / 124

  三个勘探区的比较 / 125

  自然规律从何而来？ / 133

神秘的第○号片区　　　　　　　　　　　　　　　　136

　　势态决定论 / 140

　　感知即是存在 / 144

　　存在与相互作用 / 145

　　纯粹元间实体相互之间的相互作用 / 147

　　元间实体的存在性 / 148

　　苦苦追寻的形而上世界 / 149

　　基于模型的认识论和实在论 / 151

　　元间实在 1 与元间实在 2 / 152

　　模型改变世界？/ 153

向何处去　　　　　　　　　　　　　　　　　　　　156

　　吃饭与活着 / 156

　　需求的进化 / 159

　　DNA 人、身体人、意识人 / 160

　　元间需求产生的动力和机制 / 161

　　奖励的延伸与异化 / 161

　　元间需求的实现 / 165

　　元间冗余 / 167

　　"按需分配"不是梦想 / 169

　　有限的物质资源与无限的元间需求 / 169

　　人性的进化 / 170

　　人工智能 / 171

　　追赶机器人 / 173

　　元间人 / 175

四号勘探区　　　　　　　　　　　　　　　　　　　176

　　请直面机器的自我意识 / 177

围屋启示 / 181

元间时代 / 183

向宇宙输出元间 / 184

大自然的自我意识化 / 184

文本性的形而上 / 185

洪范的作者 / 186

地球上的文本性形而上 / 187

宇宙自我意识的动力 / 188

结束语 191

生存的意义 / 191

元间的历史才刚刚开始 / 193

立 意

2021年冬，深圳，一个星期天的早上。

妻子把沏好的茶放在我的键盘旁，并没有如往常那样悄声离开，而是一脸疑惑地坐了下来。

娘子：

相公——

我最近看了一些网上对你的评论，反映最多的是对"元间"这个词的理解，大家觉得你解释得不够呀，都希望你能有一个通俗简洁的版本。

这倒也没什么，关键是，这真的是一个新范畴吗？即便是一个新范畴，有必要提出一个新范畴吗？它有用吗？毕竟哲学是靠"范畴"吃饭的。你回答不了这些问题，所做的一切就会是什么"奥卡姆剃刀"的收割对象，都是无用功。

相公：

这也是我关心的。

你谈了三个疑问。

第一个是通俗化表述问题。不能被人读懂，无论正确与否，连讨论的机会都没有，终是自说自话，废纸一堆。

不过，越是日常的通俗的语言，内涵和寓意就越是复杂，引起的歧义就会越多。看似容易，其实是一件最难办好的事情。

第二个是"差别和差别者""元间"是不是新范畴、新概念。

哲学是一门最为古老的学科，就像和田的玉石矿床，千万人采挖几千年，被人类最聪明的大师们穷尽一生心血仔细筛选了无数遍，每个观点都被揣摩端详了个透，想要再找出一点点新东西，谈何容易。

第三个是"元间"这个范畴是否有用。

这些都绝非易事。

娘子：

既然如此，还忙乎啥呢？

相公：

我相信，人类对于大自然的认识才刚刚开始，很多新的研究工具才刚刚问世，都还没有充分发挥它们的威力。只有新的思想工具才会打开无数新领域的大门，有太多新鲜事等着我们呢。

科学技术已经进入一个日新月异的高速发展阶段，1980年，我去中国科学院计算技术研究所办事，看到一款正在研制的16K磁芯存储器，科学家神秘地对我耳语，这是"海量存储器"。如今市场上买一个容量大一亿倍的硬盘，也只有当年标价的十分之一，而且，这个纪录也很快就会成为过去。

形成鲜明对照的是寂静的哲学，人们依然孜孜不倦地蜷缩在故纸堆里苦苦寻求，昏灯古卷，皓首穷经，品味每一条语录和信条，试图从中找到新依据和启示。

方法和工具的落后是制约哲学发展的基本原因。

娘子：

嗯，换言之，你是想说，新的方法是寻找新范畴的途径吧。

你采用的新方法是什么？

相公：

我用的方法也很普通，就是人人都知道的"进化论"。这种思想成型，如果从《物种起源》出版算起，已经160多年了。与往昔不同之处在于，我试图把进化论贯彻到底，用到极限，在极限处寻找新范畴。

希望由此得到的范畴会是对象世界更真实面目的摹本或模型，至少是更加接近真实的模型，更大程度上属于对象世界本身。

娘子：

那么你怎样验证这个范畴与世界本来面目的相似性程度或客观性？

验证是否掺杂了太多人为的成分？怎么证明你提出的概念不属于自作多情、画蛇添足呢？

相公：

我相信毛主席说的："实践、认识、再实践、再认识，这种形式，循环往复以至无穷，而实践和认识之每一循环的内容，都比较地进到了高一级的程度。"

娘子：

实践就是"用"啊，用不着的就会自然淘汰。

我也觉得，上面三个问题都可从"有没有用处"这个角度解决。至少要做值得做的事，提出的范畴不能是脱离物理世界的、多余的、没必要的，或是可有可无的。

相公：

我过去也以为哲学是无用之学，离现实生活非常遥远，在这个层面怎样看待世界，并不影响现实生活。现在看来，这个想法落伍了。

很长一段历史时期里，哲学遥遥领先于时代发展，甚至事实上成为很多自然科学学科的策源地，例如牛顿的代表作就称为《自然哲学的数学原理》。以至于当时的人们认为，每一种新思想、新学科都能从已有的哲学典籍中找到启发。古代哲学家已早早地为我们开辟了看似无限广阔的思想空间，足够我们驰骋纵横，不用担心有一天会碰到绝壁和深渊，或撞到思维的天花板。

朝后看，哲学是一种归纳和解释；向前看，哲学又是一种猜想和预测；看当下，哲学似乎并不会对现实生活发生直接影响，所以常被视为无用之学。

和过去不同，科学技术出人意料的进展，迅速地把很多过去的具体哲学课题变成了科学术语和实验项目，例如"与、或、非""分析""归纳""综合""判断"这些逻辑学、哲学术语都已经成了计算机软件中的指令。古代先哲留给我们广阔无垠的想象空间已经变得熙熙攘攘，甚至拥挤不堪，很多方面我们已经走到或接近极限。原先看似无关痛痒的哲学，如今不再是可有可无，反而成了制约或促进发展的重要因素，甚至成为影响民族兴衰的因素之一。

娘子：

有这么严重吗？哲学是宏观的学问，有具体的影响吗？试举一二例。

相公：

20世纪80年代，未来学家们就提醒大家，世界将要或正在进入信息时代。"信息"概念的定义成了问题，据统计，仅汉语作者就下了30多种解释和定义，直至现在也没有一个成体系的、公认的说法。可是这没有妨碍信息时代汹涌而至，一个当年的预言已经实实在在地呈现在我们面前。更何况还有诸如"虚拟经济""虚拟货币"之类的已经成为事实上的社会现象。

尘埃总要落定，一个庞大的产业、一个社会发展大局总不能建立在似是而非的概念之上，社会的变革总要不断寻求新的理论支持。澄清这些概念，从宏观上、整体上搞清楚信息社会的原理是必不可少的功课。

娘子：

哲学观点真的可能对现实的社会生活发挥实质性影响吗？

相公：

当然！

从人类进化的角度看，这两千年来，人的智能和体能并没有发生本质性的提升和进步，但是，人们的观念发生了翻天覆地的变化。科技创新是经济社会发展的核心动力，而科学知识是一种观念，是人们对于自然的认识，技术是基于科学知识发展出来的解决人与自然关系的方法。哲学也是一种方法和工具，哲学试图从更宏观更一般的角度理解和解释世界，哲学的观念往往会对科学技术、经济、政治生活发生重要的影响，为新的科学思想扫清道路、提供启发，这些也都是无可置疑的历史事实。

20世纪80年代有一个令我印象深刻的报道。有一家大企业引进设备，只购买机器、生产线，拒绝支付软件费用，人们无论如何都无法接受几千吨钢铁机床不如50克重的一张磁盘值钱，这在当时是很正常的想法。直到现在，软件是否能与硬件设备一样属于固定资产，依然还有争议。由于软件行业的生产设备和原料相对其增加值来说少得可怜，基本没有进项，增值税抵扣也就成了问题……

这些年，"虚拟经济"已成铺天盖地之势，越来越多的人把越来越多的时间用来面对一个令人眼花缭乱的小屏幕。社会生产的内容中，非物质产品所占的比重越来越大，甚至成为有些国家的主导产业，一个从网上交付的软件包换得一船货物的交易也不再稀奇，两类产品之间的价值尺度成了新的经济学问题。生存空间逐渐从现实社会转移到由人脑和电脑组合成的网络世界，人们挣扎在现实世界和虚拟世界边界线上。

直至现在，城市基础设施建设所指的内容都是高速公路、地铁、水、电、气、公园、医院、学校……而关系整个地区产业发展的核心技术还没有被作为基础设施来看待。

从 2022 年 11 月起，出现了一种以 ChatGPT 为代表的对话聊天应用软件，不仅可以解答知识性问题，还会分析讨论问题、写文章、写论文、绘画、写诗、谱曲，ChatGPT 可能会创造出不存在的知识，或者主观猜测提问者的意图。据说有个国家的总统发言稿都用这个软件来撰写。据统计，某校 60% 的学生论文使用了这个软件，很多学校都提出了防范学生论文作弊的措施。传统的图灵测试已经被 ChatGPT 甩出去好几条街，反倒是因为 ChatGPT 过于聪明和学识渊博而被怀疑。

谁都知道，这仅仅是个序幕，一场真正意义上的竞争才刚刚开始。我们会不会被新技术的浪潮所淹没？会不会再次成为被动挨打的那一个？有多少人去认真思考和追究再次落后的原因是什么？

讨论这些问题当然有利于在新观念革命大潮中争取更主动的地位，很多问题我们还远远没有想明白。

更要紧的是，这匹怪兽巨大的脚步已经踏上了台阶，它开始在敲门了，咱们还在说："咦……那家伙是第二性的！"还在争论：这玩意儿是不是物质？不是物质如何存在？是不是腐朽的唯心主义？还在琢磨：这个软件算作"精神"呢，还是"意识"？还想用"中学为体，西学为用""师夷长技以制夷"，怕是再也无施展之地了，因为，这一次已经不再是技术、经济、政治问题，而是思想能力本身的直接较量，是更残酷的淘汰赛。

我们现有的哲学术语已经不足以对了，哲学的落后才是骨子里的落后。

娘子：

眼下时兴的哲学已不敷使用？

相公：

何止！

时代迫切需要与自己相适应的哲学。

娘子：

再急那你也得用通俗的语言来描述和讨论这些问题呀！

相公：

是啊，是啊，尽力吧。

哲学的创新才是最为根本的创新，因为人类文明的发展史本质上是思想方法的演化史，不变革思想方法就没有前途。可是问题从来没有像今天这么严峻。

哲学的生命在于它的批判性。现在的任务是，深刻检讨我们的哲学，从基础思想方法的层面上找原因，盘点一下原有的理论库为未来留下了多大的发展空间，留下了哪些桎梏，从而寻找解放思想的新突破口。

我手头上可做的事情是，先对眼下主流的思想作一些大略的梳理分析，探讨提出新范畴的必要性；再简述一下元间范畴的发育过程；最后试着展望元间范畴对未来时代的解释度……

元间是一个发育成长的过程

娘子：

慢！——

你说"元间"是一个发育的过程？

通常所说的发育，是指出生、成长、壮大、衰亡的过程，范畴也能发育吗？

如果范畴是发育的，这就意味着规律是变化的，如果你试图提出范畴属于自然规律的话，自然规律也有一个出生、成长、壮大、衰亡的过程？

变化中的规律还能算是规律吗？

基本的范畴就是所谓的形而上学，是你们这些哲学爱好者的"命根子"，它的本意是物理世界背后的根本原理，被认为是唯一永恒不变的基石。动摇了根本，整个哲学大厦就会坍塌，真不知道厉害呀？是不是有点出格了？

相公：

哦，好犀利，别急，这正是我要探寻的。

其实，把概念和范畴作为一个发展过程，是一个古老的方法和观点。《易经》通篇甚至每一卦都是一个"局"，从一个"局势"到另外一种"势态"的演变历程。如果想说"势态就是规律"的话，这已经是在说规律的变化和发展。黑格尔的《逻辑学》也是一部典型的范畴发展史。

可惜，前人都没有直接追问自然规律的来源。

我开始怀疑自然规律的永恒性，都是达尔文惹的"祸"。

康德也提出很完整的范畴体系，可惜他没有告诉我们他的这个范畴体系从何而来，也没说他是怎样弄来的。不过有一点很明确，他透露了这套范畴体系存放的秘密地点，他宣布，自然的最高立法就在我们心中，就在我们的理智中，是人向大自然颁布自然规律。这就是他轰轰烈烈的"哥白尼革命"。

也还是这个康德，他提出了著名的星云学说，宣布连天体、星球这样的庞然大物都是生成的。但是，当达尔文把这个思路推广到生物界，把人本身也看成一个生成的历史过程时，康德的先天理性学说自己挑战了自己。因为照这个逻辑，猴子、鱼、变形虫、细菌、病毒、核酸片段等，它们"心"中就都应有全部的自然的"最高立法权"，再往前推，核酸出现之前的万物也应当具有"最高立法权"。遗憾的是，这些非生命物质还没有"心",如何装得下一整套先天理性呢。这样,"自然的最高立法"本身就不能是一部一开始就已经编撰完成的、完整的范畴体系,而应当是一部伴随记忆、存储能力发展的范畴进化史。也就是说,逻辑和自然规律本身只能是进化的,演变的。

娘子:

这就是说,如果把康德的星云进化和人先天拥有的先天理性这两个观点结合起来,把进化论贯彻到底,用到尽头……

相公:

对啦,这就会是范畴的发育过程,这样看起来也不是太离谱吧?

依此类推,世界是变化的,世界中的一切也就只能是变化的,自然规律也是生成发育的。想要证明自然规律亘古不变,除非证明它不属于这个世界。

变化的过程就是历史,就要研究元间的起源、发展、未来走向,我准备把这个讨论过程称作"元间简史",从发育史的角度将其展开讨论。

娘子:

好吧,加油!拭目以待。

本原问题

2006年的一个周末,高中二年级住校的大女儿晴晴回来了,一脸神气,这学期的思政课哲学部分快要学完了,看起来信心满满。可以考考她了,看看她学得怎么样,也看看学校是怎样上哲学课的。

大木桶:

晴晴,什么是哲学啊?哲学都研究些什么问题?

晴晴:

"我是谁?""世界从何而来?""我是怎样的人?""我由什么原因获得我的存在?""世界是否因为我而存在?""我生命的意义和价值是什么?"

大木桶:

嗯,都是很好的问题,也是每个人都应该经常思考的。不过"我由什么原因获得我的存在?""世界是否因为我而存在?"这两个现在应该属于科学问题了,问问生物老师、历史老师或者奶奶就行,已经不用搞那么神秘,再绕这么大弯子了。

哲学最核心的课题是什么呢?

晴晴:

全部哲学,特别是近代哲学的重大的基本问题,是思维与存在的关系。——恩格斯。

大木桶:

确实如此。

晴晴：

既然问题全都解决了，你们这些哲学爱好者是不是除了欣赏、把玩哲学史，就再也没事可做了？

大木桶：

我不觉得问题都解决了。

比如说，你课本上重点引用的"凡是断定精神对自然界来说是本原的，从而归根到底承认某种创世说的人……组成唯心主义阵营。凡是认为自然界是本原的，则属于唯物主义的各种学派"，我总是对此疑惑。

晴晴：

这也会有错？这段话出自恩格斯的《路德维希·费尔巴哈和德国古典哲学的终结》，你不是常以马克思主义者自居吗？

大木桶：

是的，这是我的启蒙教材，我自认为是一个马克思主义者。问题是，这段译文的失真度也太大了，已经背离了作者原意。

早期的翻译家把"materialism"和"idealism"译成"唯物主义"和"唯心主义"，有研究说可以追溯到唐代对佛经的翻译，用了"唯心""唯识"这样的词。这两个词已经融入现代汉语体系，成了几乎人人皆知的哲学常识。

要特别注意，恩格斯说的是"自然界是本原"，这和"唯"物本原是两回事儿。

如今的时代虽然自称为信息时代，"物质""精神"概念依然还是哲学界的"耶路撒冷"，虽然这场争论已经持续两千多年，但是，一个"唯"字加进了只能二选一的逻辑要求，火上浇油，把这两种哲学观点的对立推到了无以复加的风口浪尖。平心而论，"materialism"和"idealism"这两个词汇中并没有"唯一"的意思。

当然，也不完全是翻译问题，与之相伴随的是对两种哲学流派观点的极端化理解，两者相互推波助澜，形成两种极端的思潮。

可疑的唯物论和唯心论

晴晴：

你觉得唯物论和唯心论哪一种"本原"论更合理一些呢？

大木桶：

都不符合事实！

晴晴：

你怎么也怀疑起唯物论了？

大木桶：

是！

马克思主义不是宗教，不会用文本禁锢思想，应当用科学和发展的态度看待它。更重要的是，马克思、恩格斯向来反对"机械唯物主义"，所谓"唯物辩证法""唯物主义"都是翻译家思考出来的。

先来看唯心主义。

汉语里，"心"的意义是人的精神、意识、思维、思想状态。"精神"这个词主要是指人的精神状态，一般不用这个词指称外在事物。在西方哲学里它的内涵就复杂了，大致有两个指向，一是人的思维和意识，二是自然的"理念"，课本里引用恩格斯的那段话中所指的明显是第一种。

很多"主观唯心主义"者认为"心外无物"，这世界上除了自己的感觉和想法外什么都没有，你觉得这是事实吗？

晴晴：

这不可思议。

我们学了进化论，人是从其他生物甚至非生物的物质逐渐积累、进化、发育、演化成了今天的样子，那我们的"心"、我们的"精神"也是逐渐成长起来的；每一个人的"精神"和"心"也是从出生开始，一天天长大的。在此之前，已经有一个世界先于我们存在了，如果什么都没有，也就没有我们了，更没有我们的"精神"和"心"了，不是吗？

大木桶：

再问你，如果诸如黑格尔这样的伟大哲学家告诉你，世界诞生之前已经有一部关于世界过程的程序编辑完成，所有的规则都已经制定完成，这套程序和规则只不过是以这位伟大设计师的精神，他把自己的宏伟的构思"写在了图纸上"，眼前的一切都是根据这张图纸建设出来的。你相信吗？

晴晴：

这个不大靠谱。

果真如此，世界就不能是同一个世界了，除我们生活着的这个世界之外，还必须有另一个世界，一个理念的世界，把你说的这套程序从理念世界"拷贝"到我们的世界。问题是，另外的那个世界我们始终没发现啊！这就是所谓二元论吧？看来，唯心论不能解释自然规律的来源问题，只能寄希望于唯物论了。

大木桶：

那好，我问你，如果有人告诉你，这世界上除了物质之外，什么都没有，你觉得合适吗？

晴晴：

那也不对！

信息呢？爱情呢？不是物质，但它存在。自然规律呢？也不是物质，但是明显存在。

大木桶：

那你告诉我，唯物论者是怎样解释自然规律的？

晴晴：

还是上网查查看吧……

哦，找到了，百度（更新时间：2023年2月21日）说："自然规律是物质运动固有的、本质的、稳定的联系，表现为只要对应的客观条件具备这一规律即其作用具有不变性，反之这一规律即会失效，各类规律互不干扰，其不以人的意志为转移，社会规律亦如此。"

好像是病句呀……

再找找看……

哦，几乎搜索到的所有答案，包括哲学教材、中外各种词典、百科全书，都异口同声，固有的！不变的！不以人们意志为转移的！

这是常识啊。

大木桶：

这应该是个常识性的错误。

晴晴：

啊？！

何以见得？

大木桶：

如你所知，现代科学还有一个常识，就是进化论。事实已经证明，这个宇宙和我们的星球上的万物都是演变而来的，一切都是变化的。如果唯独自然规律是固有的、不变的，从创世到现在始终如一，那也就只能是一套编辑完成的程序，它只能放在另外一个世界里，一个先于我们世界的永恒不变的世界里，这不还是二元论吗？

在这一点上，所谓的"唯物论"和"唯心论"殊途同归，都没能多走出一步。

晴晴：

怪不得都说哲学的尽头是神学。

大木桶：

远古时代，人们就发现了世界的规律性，就像一粒小松子儿会长成一棵参天挺立的松树一样，"栽什么树苗结什么果，撒什么种子开什么花"嘛。天地运转，四季更替，周而复始。仅仅相信这个现象并不能满足人们的好奇心，人们本能地想了解这背后的原因，由此产生了形形色色的猜想和推论，就像咱家的猫咪"菠萝"总想绕到镜子后面看个究竟一样。对微观的、具体的对象来说，这属于对自然规律的探索；对整个宇宙来说，就是所谓的"形而上"问题，是关于这个宇宙产生和运行方式的最为一般的理论。

例如，对因果关系的理解是人都具有的判断能力，相信结果背后必有原因。于是人们坚信整个宇宙的运行也应该有自己的原因。但是，毕竟"宇宙"是个最大的概念，如果宇宙也有原因，也有主导者、操纵者，那么，这个主宰者是住在宇宙外面呢，还是在宇宙里面？如果住在里面，要是把世界定义为一个唯一物质世界，这个主宰就应该也是物质的，我们就能看到他，摸到他，可惜到现在为止还没找到；如果这个主宰住在宇宙之外，"宇宙"就不再是最大的唯一的集合，那就需要另一个宇宙，这个世界就分裂了。

人们处理这种尴尬的一种典型的方法是假定有"神"，有超自然的"上帝"，用创世说解释世界。神话里的神都是人格化的，神的行为和人的行为很相似，神的意志也是精神，于是，"精神"这个概念和人的精神与意识就有了割不断的联系。

虽然可以坚信自然界本身就是本原，无须他求，不过把这个观点贯彻到底并不是一件易事，甚至很多专家也不一定能完全做到，这依然是一个缺乏深入分析和探究的问题。

只有目标和信仰远远不够，真正需要的是理论和证明，至少要找到自然规律的容身之地。

几种本原方案

晴晴：

还有些什么本原的方案吗？

大木桶：

最早出现的是物质本原论，与之相伴随的是神学。警幻仙子、阎王爷的书柜或者"上帝"的头脑，就是规律和法则的最理想的外在的存储之处。

此外，最典型的自然法则存储库是内在的，是人心，以陆王心学、康德学说最有影响。他们主张自然规律就在我们的心里，不是人向自然学习法则，正相反，人仅凭先天能力就可以向自然颁布法则。

黑格尔是把形而上学发展到顶峰的巨匠。他展示了一整套庞大的程序包，说这些都出现于我们世界形成之前，是由另一个外在的世界注入我们世界中来的。不过他没有描述那个美妙世界，也没有交代他是如何获得代言人资格的。表面上看，这依然是他自己创作的一套程序，最终他还是把绝对理念的著作权无偿捐献给了众望所归的上帝，当然此"上帝"并非宗教意义中的上帝。

自黑格尔之后，人们终于厌倦了，不再理睬那个传说中虚无缥缈的形而上世界，转而相信所有规则无须外求，就在我们自己的世界中，就是具体的物质形式和关系，毕竟我们只有一个世界，这已经是一个崇尚科学的时代。

晴晴：

这就好了，靠科学呀，还有科学解决不了的问题吗？

大木桶：

拒斥形而上学也没有想象中的那么轻松，也就隔了短短几十年，人们又开始怀念起有形而上学的日子，很多问题就像无法摆脱的影子一样，始终纠缠着。

晴晴：

都是些什么事儿让这么多人烦恼？

大木桶：

至少还有这样一些问题需要回答和论证：

这世界有没有自然规律？

自然规律是什么？

它从何而来？

它是不是创造出来的？

它是一次性创造完成的还是逐步完成的？

是先于世界创造的，还是伴随世界一起创造的？

谁创造的？

在哪里创造的？

怎样创造的？

造好之后存放在哪里？

怎样注入我们的自然世界里来的？

它是如何指导、控制世界的，和自然世界是怎样的关系？

它和人的思维、行为是怎样的关系？

它还会不会再变化？如果要变化，变化的动力和动机是什么？

人能不能真正地理解和认识世界的真相？

人能不能改变自然规律？

人类生存的意义是什么？个体生存的意义是什么？

人类未来发展的趋势和目标是什么？真的有目标吗？需要一个目标吗？

人工智能以及机器智能算是"精神"还是"意识"？怎样的哲学框架才能容纳这个新生的大怪物？

人工智能将对人类社会的发展带来哪些影响？会把人类社会引向何方？

总之，本原、自然界、自然规律、我、我们的意识、我们的未来……所有这些以及它们之间的关系，都还有待探索。

晴晴：

啊！还有这么多问题！

大木桶：

正因为这些古老的、新生的问题都还没处理完，哲学才一直存在，路还很长，有些甚至是永恒的疑问。

晴晴：

哲学敢不敢或者能不能直面这些问题？

你觉得有什么出路吗？

大木桶：

囿于唯心主义、唯物主义这两个工具，用非此即彼的极端方式不可能再有多大进展了，该换个思路看问题了。

晴晴：

你觉得更有希望的途径和方向是什么？

辩证法

大木桶：

那应该是辩证思想。

西方哲学古有亚里士多德的质料—形式学说，后有基于"二律背反""正、反、合"的辩证法，现代有马克思主义的物质观。

相比之下，贯穿中国思想发展史全过程的主流线索是"一阴一阳之谓道"的对立统一。也正因如此，我们才特别容易理解和接受马克思主义。这一点，我们理应比西边儿的、北边儿的，甚至还有西学东渐途径之地的老师们理解得更正版，可惜被种种不靠谱的先生们带偏了，生疏了自己原来的路数，反而成了个颠三倒四的"跛子"。

中国辩证法思想的精髓是"易"，就是变化和发展，是一阴一阳相互驱动、生生不息、永恒运动的基本模式。

晴晴：

一是对立统一，一是永恒运动，这是辩证法的核心？

大木桶：

粗略地可以这样说。讲究起来，对立统一本身就已经意味着事物是运动着的，是内涵运动的动态平衡。

晴晴：

那么，"对立统一"是本原还是方法？换言之，您是想用对立统一作为自己的本原方案，还是想用它作为研究本原的工具？

大木桶：

对立统一既是一种"关系"，也是一种思想方法。在此，方法和对象是统一的。

仅从关系的角度看，它是至少两个主体之间的关系，至少两个主体才能构成本原。两个关系者一旦脱离了这种关系，各自就失去了意义，这样，对立统一这种关系就必然与它所连接的两个关系者联系在一起，不可分割。所以，基于辩证法的本原话题也离不开对立统一。

几千年来，哲学沉积下来的无数解决方案，把它们贴上标签，分为学派和类别，对此进行整理、挖掘、传承、训诂和考证的，这叫作"哲学学"。直接面对问题本身的叫作哲学。

哲学研究需要有方法和工具。

科学的进步是时代最炫目的成就，研究工具也随之丰富和进步，不能辜负了这些伟大进展。应当从东西方哲学、马克思主义哲学、传统的中国哲学中寻求共同因素，更应当从现代科学成就中寻求启发和支持。从传统和现实两个角度出发，将辩证法和进化论都尽可能地贯彻到底。

晴晴：

传统的中国哲学有些什么独到之处呢？

大木桶：

中国传统思想体系中，神学色彩十分淡薄，也有一些神话，但都不是主流，缺乏系统，也很不认真，以至于现在还有人笑话我们没有信仰。实际上中国人信仰的是自然规律，是天道，是天人合一，是人和自然的统一。

晴晴：

怎么理解天人合一呢？

大木桶：

你看，山顶上的一株孤立的松树，枝干顺着风向往前伸展，长得雄浑遒劲，而树林里的松树都笔直挺拔，为什么？因为环境不同。你可以说，树冠的形状就是风和阳光的形状，就是周边环境的形式，只不过两者是互补的，就像从模具中取出的注塑件，其形状是模具形状的互补形式。

晴晴：

那我知道了，人是大自然的产物，也就是大自然这个模具形式的互补者，如果把人放在世界这个大模具里，两者是合一的。尽管不能直观到所有的环境，但还是相信这个环境始终伴随着我们。

大木桶：

嗯！《西游记》里有一本被孙悟空篡改了的生死簿，仿佛每个人的命运都是事先就编辑好的程序，每个人的人生经历不过是这个程序的具体实施，风、雨、雷、电也有专门的仙官在管理。不过也不要小看了这些神话，这里也蕴藏着一些来自自然现象的启示。1965年前后遗传物质的发现，揭示了作为生命体的个人，其生命史确实是一个依照DNA中编辑好了的程序执行的过程，这似乎部分证实了人们对生死簿、命运的猜想，人们有理由作这样的猜想：难道大自然也会有这样一套程序吗？

就传统意识来说，人们心中还是很愿意相信有这样一套程序存在的，这样，大家都好安身立命，省得面对一个毫无章法、充满不确定性的混乱世界。但人们总是怀疑，这套形而上的程序存放在哪里？它是通过什么方式操弄我们这个纷繁世界的？甚至奢望能祈求"管理员"法外开恩，靠三炷香和几句秋后结算、利润分成的承诺就想贿赂人家，就想修改自己的命运。总之，人们还是无法摆脱对于"形而上"的憧憬。

晴晴：

既然传统哲学这么先进，咋就没有率先发展现代科技呢？

大木桶：

一开始就把广泛联系作为出发点，会把事情想得过于全面，也就会很复杂，到了老虎吃天无从下嘴的地步。这不是一个好的切入点。

过于早熟，就会封闭新的生长点。

在当时的历史条件下，此种方法经常够用，甚至可以长期领先，这就遏制了更精细更深入的解剖分析，形成了不求甚解的惰性。

大一统的政治需要大一统的理论，一种萌芽中的思想体系被政治化、神圣化、格式化，成了万世师表，这个萌芽连同所有的其他萌芽就都没有了生发的机会。这禁锢了思想进步和新方法的生成。

事到如今，引进的唯心主义、唯物主义，加上科学主义，也都没能令人满意地厘清问题，还是不知道所说的形而上到底是什么、它和我们的关系是什么，这些都依然是个谜。

仔细盘点，发现我们老底子还真是不错的！对这些基础性根本性的文化遗产，应当充满信心！

比如，我们坚信，除了变化本身，一切都是变化的，不仅自然规律，甚至本原也不例外。

本原也是可变的

晴晴：

啊？

自然规律是可变的？这个也就罢了，居然"本原"也是可变的？这个……匪夷所思啊！……您没事吧？

哎呀！至少有一点现在还不能变，我要去做作业了！照您说的，我考试肯定会不及格，还是先背书本吧。

大木桶：

好，去忙吧。改天我给你发个邮件，说说我的想法。

至晴晴的邮件：

本原也是可变的

这个提法乍看起来可能有点突兀。

从那天下午的讨论可见，哲学面临的主要困难是世界的分裂。与其如此，是否可以索性假定世界真就是分裂的，有很多世界存在。物理学家们可能会赞同这个设想。

哲学所说的本原，是一个作为全集的全尺度世界中的本原。

假如多世界设想成立，情况就不同了。每个世界互相之间是有差异的，每个世界都是发育变化的，每个世界中的本原和起点相对其他世界就是一种变化。因为各个世界之间有可能发生相互作用，一个世界中的有规律进程完全可能被另一个相干世界的进程所打断、所改变。

有全尺度的本体论吗？这个就难了，因为我们无法站在"全尺度"之外，全尺度就不能成为对象。

更切合实际的想法是，先给每一种本体论设定一个"定义域"，在有限范围内讨论问题。因为我们的知识有限，都只能在我们所知的有限世界中作出有限的理解。

如何追寻这个限度的边界？

不同的定义域中，所得到的本原是不同的，如果定义域和视界一直在扩展，所能得到的本原也只好不断调整了。这样，本原也会是变化的。

不过，我们并不能确定我们讨论的就是本原本身，能确定的都是关于本原的概念和模型，是人对于本原的认识和理解。就这些方案来说，随着社会的发展，对实际的认识能力也在不断发展，概念和模型哪有不变之理？这个意义上的本原当然是演变的，而且变化很大。

还是先从我们现在居住的世界开始吧。

抽象方法

2008年的一天傍晚,"修理的——,我回来了!"一声清脆的招呼随着开门声一同冲进书房,像来了一只欢快的百灵鸟。上初中二年级的小女儿晨晨放学回来了。

修理的:

格娃,这次作文的"优++"拿到了吗?

(孩子们的作文辅导归我负责,其余归妻子负责。我辅导的方法是,每次作文被老师批改之后,都要一起讨论老师的批语,检讨现有思路和表达,努力探寻新的角度、构思和风格,再改写一次。等下次批改出来后,再次讨论,再写,直到卷子上出现红笔标出的"优++"为止。一开始,拿到"优++"的概率并不高,有的作文要写四五遍。很长一段时间后,三方的意见逐渐趋向一致,后来,反倒是她们的思路越来越自主了,这正是我和老师所希望的。)

晨晨:

拿到了!哈哈!看,《心中的那片海》,只写了两遍哟!

不过,今天老师讲了新词——"范畴",说范畴不是"范围",是两回事儿。你知道吗?

修理的:

知道一点儿。就像做月饼、冰淇淋或铸造铜钱用的模具,古称"范",一个学习榜样,叫作"模范"。一种作为规范的样式,用这个样式把其他东西都做成一样的。是吧?

晨晨：

嗯。

修理的：

范畴这个词被延伸了。大自然的规律，也是一种范畴，自然规律规范约束了自然，限定自然只能按照范畴框定的样式运行。两千多年前的《尚书》里，把这叫作"洪范"，就是巨大的"范"，也可以说，是自然法则。"洪范九筹"，说规律是有层次的。

晨晨：

这些老师都说过了。可是我疑惑：这个洪范、范畴是怎么来的？课堂上没敢问，你说说看。

修理的：

属于自然本身的洪范和我们对于洪范的理解和猜想，是两回事。我们的理解与自然本身有可能一致，有一定的相似性，我们始终在追求这种一致性，尽可能提高一致性。

我们总是相信，世界本身有这样一个洪范，不过，通常，人使用的洪范其实都是我们对它的理解和认识，因为是我们自己的意识，是我们关于对象世界的认识，所以，又叫作"概念"。为了讨论方便，可以把自然本身的规律称为洪范，把我们对洪范的认识称为"概念"。这个约定可以同意吧？

晨晨：

可以。

修理的：

这样，你刚才说的"从何而来"的问题，可以分成两个叉儿，洪范从何而来？概念从何而来？这里隐含着概念与洪范相似程度的问题。如果两者之间的相似性程度很低，我们就无法再询问洪范了。实际上，我们在逐步提高这种相似度。这个可以理解吗？

晨晨：

听懂了，洪范是老师，概念是学生，每得到一个新概念，就去求证，每求证一次又会得到更新的概念，反复积累，直至拿到"优＋＋"。

修理的：

不错。

我们获得自然规律的途径有两种。一种是通过观察和实验的方法，通过与大自然直接相互作用的方式，获得对于自然的认识。例如长期观察月亮盈亏、太阳升落、四季交替，总结出了历法。有了望远镜之后，又对河外星系有了更多的了解，这些属于经验性的。还有一种方法，是逻辑推理的方法，例如麦克斯韦方程、爱因斯坦的相对论，都是算出来的，这是理论性的。这两种方式相互补充、相互校正，共同推动了对自然界的认识、对洪范的认识。

晨晨：

那我要好好学数学，要是都能算出来，那多好！

这是不是说，仅仅用逻辑推理的方式也能得出对洪范的大致概念？

修理的：

哈！是啊，哲学概念大多是这种东西，不仅如此，我们日常生活中所用的很多概念也都是这种东西。

至少我们已经知道了人的概念是怎么来的，至于洪范自己是怎么来的，以后再说。

晨晨：

那快点告诉我，概念怎么来的，给我做道例题看看吧。

修理的：

刚才已经说过了，再重复一次。两条路径，一是实践途径，二是逻辑途径，这两条路径可以相互印证。下面主要谈逻辑途径，就是用逻辑工具从具体事物和具体概念中抽象出来，得到更一般性的概念……

晨晨：

等一下！——

你说要有一个逻辑工具？这是个啥东西？哪儿来的？管用吗？要是这工具不好用，像个哈哈镜，那也不会得出正解吧？你怎样保证这个工具的合格率？更要紧的是，你要用逻辑发现逻辑，用逻辑证明逻辑，自己和自己玩儿啊？

修理的：

就你古灵精怪，算是让你抓到了。

逻辑判断能力，是人先天具有的能力，是在人的自然生活领域里天然正确的，至少在人类生存和发育的时空领域中是天然正确的，除非被滥用。很离奇吧？孟子把这称为"良知"，也是陆王心学的核心，康德也有同样的想法，不过更细腻和系统一些。康德认为，这是人能够认识世界的先决条件。现在看来，他们说得有道理，至少事实如此。可惜他们都没有告诉我们，这个能力是如何进入人心灵中来的。这个问题也挂在这里。

到现在为止，我们搁置了几个问题了？

晨晨：

两个。

一是人心里先天具有的逻辑判断能力从何而来，二是洪范本身从何而来。

还是赶紧做题吧。

先说说，"抽象"是怎样一种逻辑工具？

修理的：

你拿起一个苹果，说"这是一个苹果"。"苹果"这个词代表了一个"类"，是许许多多种、无数个苹果共用的一个概念。"这是一个苹果"这句话，特指了"苹果"类中的"这"一个具体的苹果，是最典型的"种加属差"判断句。

知道英语里的定冠词"the"是干啥用的吧？加在名词前面，就是要说明将要使用的这个名词不是一般意义上的概念，不是指抽象的"苹果"概念，而是强调，所指的是眼前这个特定的、具体的苹果，是为了把名词中抽象概念的一般性排除掉，强调具体的限定，把它具体化，而抽象概念是去除了"the"的名词。

"抽象"是最常用、最简单的思维方法和工具，简单地说，就是依据许多对象所拥有的共同特征，对其进行分类，之后再起个名字。例如，数学题目中的"合并同类项""公约数""公倍数""质数"等；生物分类学把生物分成由界、门、纲、目、科、属、种等不同层次组成的庞大体系；物理化学中将物质对象分为有机物、无机物，各种层次的粒子，甚至你最熟悉的元素周期表……这些分类，开始也都是从事物表象着手，随着科学认识的发展，才逐渐趋向更本质的分类。例如，元素周期表过去是根据物质的外在特性分类，现在是依据轨道结构分类；生物分类过去主要是看形态，现在依据遗传基因的谱系。

比如有一盘杂色豆子，让你把红豆挑出来。挑的时候你不必考虑其他颜色的豆子，也不考虑豆子的大小、品相等因素，这些因素就都被"撇开了"。于是，手里就有了一把红色豆子，"红豆"就是手中这把豆子的抽象概念，是这把豆子共有的特征。

除颜色之外，还可以用尺寸、品相、形状、比重等因素作为抽象标准，从而得到一系列不同的概念，比如，把坏豆子挑出来。

除了平行特征的概念之外，还会得到不同层次的概念。

对这盘豆子来说，"豆子"就是顶层概念。对哲学来说，所希望得到的概念是这个世界中最一般的、被所有事物共同拥有的、毫无例外的公共概念。

晨晨：

我想知道，贵星球上的哲学家利用这个工具都得到了哪些概念？

修理的：

两千多年前的哲学家把世界抽象为金、木、水、火、土之类，这已经有一定程度的抽象性，属于一种物质分类法，世界被看作这几种物质的组合体。用刚才的例子比喻，盘子里总共就有这几种豆子。紧接着，人们又对这几种东西进行了新一层次抽象，得出了"物质"概念，世界是物质的。这就是早期的物质一元论。在他们看来，盘子里就只有物质。

很快又仔细看了看盘子，发现还有很多因素是不能用"物质"解释的，被"撇开"的因素并不会因为被撇开就没有了。不同的抽象角度能得到不同的概念，例如时间、空间、思想、能量、属性、规则、势、力、像、数、信息、情感……盘子里还有别的，比如豆子之间的排列方式、豆子的数量、颜色、品质、品种……相比之下，中国古典哲学抽象出的金、木、水、火、土不仅是五种物质，更是五种不同的属性，这五种属性互相之间具有相生相克、互为母子、复杂反馈互动的网络关系形式。西方哲学还抽象出了"精神"这个概念。

"精神"这个词，在哲学术语里有两种含义，一是人的精神，二是人的意识之外的自然状态和规则。用我们刚才讨论过的抽象方法，可以从两者中抽象出一个共同的因素，就是"关系形式"。

执拗于唯精神一元论的人坚持精神是物质的原因，所以，世界是精神的；执拗于唯物质一元论的人看来，物质是精神的原因，盘子里剩余的也都是物质作用的结果，也是物质的，所以，整个世界是物质的。

双方都把自己获得的抽象结果作为最大的、唯一的、囊括一切的集合，都罔顾自己在抽象操作过程中的"撇开"的那些，旷世持久的大论战就此拉开序幕。

唯物论和唯心论的局限

晨晨：

那我懂了，唯物主义者手里是一把物质的豆子，唯心主义者手里只有豆子之间的关系和特征，只可惜，仅用手还捏不住，还要用脑子记忆。但是都说对方手里啥也没有，即便是有，也仅仅是我手中东西的一个变种，我才是唯一的、正宗的。其实这种自信都是以"撇开"为前提的。

修理的：

嗯嗯，大致就是这样啊！

别以为这仅仅是二十世纪前的陈年旧事，直到现在也还是要认真对待的。

看看现代哲学家杨献珍教授怎样说：唯物主义认为，物质是世界的本原，它可以不依赖精神而独立存在，所以是第一性的；意识来源于物质，它必须依赖物质而存在，世界上没有离开物质而独立存在的精神，因此精神是第二性的。

之所以要引用这一个概念，是因为这是目前教科书上的标准答案，影响之大之深远，可想而知。

刚才说了，"精神"这个词有人的意识和自然的"关系形式"双重意义。严格地说，人的意识也是一种"关系形式"。

根据语境，杨教授这里所说的"精神"，应该是指人的精神。从这个角度说，他是对的，没有人，这个世界照样会存在，人的意识来源于对象世界。如果从"精神"这个词更广泛的意义说，这个观点就失之于片面了。概念的第一句已经定义了"物质是世界的本原"，本原就是全集，已经是最大的、唯一的集，其他定义或限定条件都必然小于和属于全集，因此，规则、关系、形式等都无立足之地了，至少没有了与物质比肩而立的机会。

这种物质和精神二选一的本原论，最后结局都一样，都会进入一个死胡同。

晨晨：

你是说，十几亿人、几十年来所教所学的最基础哲学观点可疑？有这么严重吗？

修理的：

是的，确实存在一个巨大的疏漏！尽管很多哲学自封"真理"，但是任何哲学毫无例外地都仅仅是一种观点。虽然通过实践可以检验它们的准确与否，但实践毕竟是有限的，远远小于哲学"气吞万里如虎"的豪迈，因此，所谓正确与否都只相对于某个特定的场景和定义域才有意义。

来看恩格斯的一段名言："没有运动的物质与没有物质的运动是同样不可想象的。"这是马克思主义哲学的基本原理。

运动是物质的时、空变换形式，是变化中的结构，是变化中的关系形式，不妨暂时简称为"结构"，这样就成了"没有物质的结构和没有结构的物质是同样不可想象的"，这个不难接受吧？

于是，我们得到一个新的模型："结构的物质和物质的结构"。我想，在人类日常生活的时空范围里，这个原理不可能被证伪，应当是没有例外的普遍规则。

我们不可能事实上获得没有结构的物质，也不可能得到没有物质载体的纯粹结构。只能通过抽象的方法获得他们的概念。杨教授定义的第一句"物质是世界的本原，它可以不依赖精神而独立存在"，如果文中所说的"精神"是指人的思想，仅仅是为了区别人的想法和大自然的结构，这已经算不上是重要的哲学问题，也不必写入教科书里了。如果他说的"精神"不只是人的意识，而是试图描述一种没有结构的纯粹物质，这就和恩格斯说的不一样了，也背离了传统的辩证思想，更重要的是这也不符合事实。

晨晨：

您的意思是，这个定义错误地使用了抽象方法，得出了片面的结论？

抽象方法的角度和限度

修理的：

是的。

我们不能抱怨和羞于历史。如果这种观点有助于和神学的最后决裂，就有其积极的历史作用，但是在科学取得压倒性优势之后，这就成了一个不能接受的省略与撇开！

（1）单一要素没有结构，所以，单一要素不是物质，这个世界里并没有纯粹物质实际存在。除了想象，我们无法实际得到单一要素。这个原理决定了除非最初的纯粹"物质"以及想象中的单纯物质之外，任何具体物质都是由其他物质以一定的结构组织而成的，离开了结构，物质就不再有意义了。

（2）在物理世界中，任何结构都是至少两个要素之间的关系，即便是用抽象方法获得的抽象概念，就连想象中的意念，也都脱离不开脑神经、芯片、电荷、磁畴、笔迹、绳结、空气震动等物质载体。没有了物质要素，结构就无所依附，也就没有了意义。

基础观念的模糊与缺陷将迷茫我们的视野，会迟滞我们在信息化社会中前进的步伐。

晨晨：

是不是说上面的唯物主义、唯心主义、物质一元论和精神一元论都只是种种关于本原问题的不同试错方案而已，并非神圣不可侵犯？

修理的：

是的！

有无数种抽象的角度和限度，可以得出无穷多个抽象概念，关键要看用什么模板对世界进行抽象。

晨晨：

那一定还有其他的试错方案啦，都是些什么啊？

修理的：

抽象的角度和模板很多，甚至数不胜数。

抽象概念的产生流程已经逐渐清晰：首先是人们通过长期实践、观察和思考，对全集有了一个大概的认识和猜想；再假设一个从自然界抽取出来的最一般概念作为试用模型；继而用这个标准去分类和解释对象世界，检验这个模型的合理性，检验的标准也很简单，就是要看这个模型与对象世界实际状态的一致性，能否适用于更多的甚至任何一个对象，能否适用于所有的对象，只要有一个例外，这个模型就被证伪，就是错误的，就不具备成为全集洪范的资格；之后再调整这个模型，再次实验；直到毫无例外。事实上没有一个模型不能被证伪，都是有缺陷的。由此发现了一个新的规则：只有能被证伪的规则才是合理的，任何规则都是有限的，都只在特定的定义域中有效。

实际上，哲学史也是这样一个不断被调整、验证的抽象模型，也是不断试错和证伪的历史进程。

人们关于世界本原的探索是一个永无止境的漫长历程，用模型去描述世界是一个很方便和直观的工具。于是，伴随人类知识水平的提高，这个模型也不断进化和调整，产生了一些主流的版本。

对于上面谈到的二选一争论，中国和印度古代哲学家一向不以为然。东方人给出的模型，经典观点是"阳化气，阴成形""一阴一阳之谓道"，双方都含有对方的成分。所谓"气"在这个语境中大体类似"精神"，所谓"形"大体类似"物质"。精神和物质是不可分离、互为条件的两仪，只有两者对立统一才能成为有实际意义的事物。

"物质与结构的对立统一"也是抽象方法的一个模板，这个模板的特点在于：超出了这个原则，所得到的概念都不是现实中可能实际存在的。这也是一种本原论方案。

晨晨：

对立统一是什么？

修理的：

对立统一的推导和证明过程，我回头发一个邮件给你看。

还是先说这个本原论方案吧。

与前两个方案比较，既不是二元论，也不是简单的一元论；既不是唯物质论，也不是唯精神论，而是物质与精神对立统一的一元论，有人称"辩证本体论"，也叫作"辩证唯物主义"。不过，"辩证唯物主义"这个说法，确实有点儿不大"哲学"，因为辩证法不认为有什么唯一的、不与其他事物关联的、不变化的东西，后面不宜再跟一个"唯"字作为修饰。特别是，马克思本人也从来没有过这个提法。

对立统一思想是中国主流传统的文化意识，马克思主义哲学之所以能在中国获得普遍认可，就是因为这种思想与中国传统哲学主流所具有的一致和契合性。

晨晨：

这个方案里明明有"物质"和"精神"两个东西，你怎么说这是一元论呢？

物质与结构

修理的：

是因为这两个因素的不可分割性。

抽象方法是一把无比锋利的手术刀，切割一切而毫无阻碍，具有无限的任意性。在我们的脑海中，可以把任何东西做任何样式的分割、分类，但是，它不能对实际的世界随心所欲地做同样的事情。因为世界有自己的纹理，要想取得与对象世界一致的结果，就不能任意切割，我们的分割和抽象对世界本身的范畴不一定总是有效和正确的，甚至经常是错误的。

还记得庄子说的"一尺之棰，日取其半，万世不竭"吧，一个捣衣棰，木头的，每天切一半，可无限分割，永远可以继续下去。这在人的思维中是可以的，但是现实中实在是切不了几刀。上面我们有一个说法，"所有物质都是由其他物质组织而成的"，刚开始切的是木质的棰，头几刀之后，棰没有了，再切就是木料了，再切是纤维，再就是解剖细胞，接着是元素，分子、原子、质子……切的早已经不是"棰"，更不可能世世代代切下去啊。

古人还不知道木头的碎屑不是木头。自从 1673 年荷兰一个生物学家列文·虎克（Antoni van Leeuwenhoek）发现细胞以来，才开始真正懂得物质都是由其他物质组成的，抽象的"手术刀"再也不能任意使用了。

世界有自己的纹理，有些可以分割，有些不能分割，一旦切开就会发生性质的改变，就不是原来意义上的分割了。

抽象方法不意味着无限细分，不能无限制使用。其实古人很早就发现了这个道理，发现了抽象分割的边界，主动把抽象思维工具的使用限制在保持对象基本纹理的范围以内。具体说，人们发现世界上所有的事物都是由物质和结构两个要素组成的，脱离对方的单独的要素并不存在。

回过头来，再看"世界上没有离开物质而独立存在的精神"这句话，只说了一半，后面那一半呢？接下来该是什么呢？

晨晨：

应该是：离开组成者之间组织方式的物质也不存在。

修理的：

对！

只注意物质是由什么物质组成的，罔顾这些物质是以怎样的结构组织在一起,就不能得到对世界正确的认识,也不符合世界的本来面目。

所以,抽象方法必须有所限制,无限分割两个基本要素的概念并不符合世界的真实状态,会出现太多的例外。

过去我们关注的是世界由什么组成、物质是由什么物质组成的,现在更应当关注世界是如何组成的、组成一个物质的物质要素互相之间的关系形式如何,有时甚至更应关注这种关系形式。

如果这样,结构怎么会是第二性的呢?

物质是结构的,结构是物质的,这是我们这个世界中任何事物都具备的特征。不存在没有结构的物质,也不存在没有物质的结构,物质和结构相依为命,不可分离。

不愿意出大价钱购买、研发软件的原因就在这儿了,因为在他们看来,除了物质就没有别的了,充其量也不过是"第二性"的。这种想法和受过的哲学训练、当时的社会思潮、读过的哲学课本不无关系。

如果想用物质作为世界的本体和本原,也就必须同时承认结构的本体性或本原性。

由于这两者的不可分割性,是同一个对象,因此这也是一元论。

作为本体论方案的"存在"

晨晨:

那么,还有其他的本原论方案吗?

修理的:

有啊,就是你在上面提到的"存在"。这是西方哲学史中一个重要的抽象角度。无论什么性质和结构,无论什么物质,首先必定是存在者,存在者的存在是世界中所有成员的共同特征。包括上面提到的各种本原论自己,也都必须首先是存在的,是存在者。于是存在就成了一个无条件的先决条件。

在西方哲学中,存在论(Ontology)被认为是核心问题。但是将这个词翻译成中文的工作却令人尴尬。

Ontology 的核心意义是希腊语 on（拉丁文 ens，英文 being，德文 sein），在汉语词典中居然找不到一个与之对应的词语。在汉语言体系中，这个外文词语可以分别理解为"是""在""有"三种意义，可是，无论用其中哪一个都不能准确表达"on"的意义。于是很多人都为汉语的贫乏感到郁闷甚至自卑，所有译文都只能在不同的语境下选用不同的对应词汇。其实，这恰恰凸显了这个被西方哲学奉为圭臬的词汇不是一个单纯的哲学概念，因为能继续分析的概念就不是最基本的概念，这也说明了西语的贫乏。擅长分析思维的西方人恰恰没有把一个多义词解析开来，就像擅长系统、综合思维的东方人没有把这三个概念融汇成一个统一概念一样。

中文中还有一个缺憾，就是关于"是"这个词的使用。这个词最常用的意思有两个，一是"等同"，二是"类属"，这两种意思常被混淆。

"在""有""是"这些概念都蕴含着自己的否定形式："不在""没有""不是"，更重要的是，还含有这两个极端之间的过渡、演化过程中的各种状态。

存在应被作为一个过程来看待，一个东西要成为一个存在者，首先要"是"这个东西，只有达到了是其所是的程度，这个东西才达到了存在的标准，才具备了作为这个特定主体存在的资格，才"有"了这个东西。

任何东西都是从"无"到"有"直至"有其所有"，都是从曾经的"不是"到"是"，直至"是其所是"，从"不在"到"在"直至"在其所在"的过程。

总之，存在概念包含了太多内容，并不像通常理解的那么单纯，远没有达到"最高普遍性"的抽象程度。

晨晨：

这些我听不大懂。

修理的：

没关系，德国哲学家海德格尔（Martin Heidegger）对存在展开的研究较多，他的名著《存在与时间》就试图把存在作为一个过程来看待。等上了大学，你就能读了。以后有机会，我们再谈。

我会把我们今天说的这些都发在家庭微信群里，让姐姐也看看。一时不懂、不同意的，留存个档，将来再说。哲学是一个以百年、千年为尺度的学科，啥时候讨论都不迟。

晨晨：

好吧，我等着。

再问一个问题，就"物质与结构对立统一"和"存在"这两个概念，你觉得哪一个更接近最大的洪范？

修理的：

相比之下，各有所长。表面看起来，"物质与结构对立统一"属于一种存在，但是，"存在"过于空泛，把形容词当成了名词，没有包含"怎样的存在"，缺少了实质性内容。这就遇到了前面讨论过的抽象利刃切割禁忌，切去了事物的实质部分，最终还会遇到例外，并不能得到真正的洪范。

对这些本原方案的再次抽象

晨晨：

还想问。

"物质与结构对立统一"和"存在"都已经是抽象方法最后的界限了吗？抽象方法就此算是进行到底了吗？

修理的：

这要试一试，看看还能找出些什么。

对"物质与结构对立统一"抽象，撇开"物质"和"结构"各自的具体属性，可以得到"前项""后项""前、后两项之间的关系"这样三个因素。

换作是"存在"概念,假定所有存在都是一个过程,于是存在可以被理解为"从不存在向存在演变"或者相反,也能归结为"前项""后项""前、后两项之间的差异和关系"这样三个因素。

你能从中看到什么共同之处吗?

晨晨:

看出来了!

不就是从上面两个概念中,可以抽象得出"前项""后项""两项之间的关系"这样三个共同的因素。

那么,这三个因素有没有它们自己的共同因素?

修理的:

问得好!这是要问,能不能对这三个因素再次进行更深一层的抽象?我们来试试。

差别与差别者

修理的:

很明显,这三个因素是不同的;

不同就是有差别;

那么,这三者都属于"差别者";

差别者互相之间最简单、最单纯的关系就是:"差别";

到此,最后只剩下两个共同因素:差别和差别者。

差别是差别者之间的差别,没有差别者的差别和没有差别的差别者都不可思议,相互都是对方有意义的前提。

看看,这也是对立统一呀,或者说,这或许是对立统一关系的基本式,一种最基本的表达方式。对立统一也是一种差别形式,抽去形式,归根到底也是差别。对吧?

晨晨：

我们小结一下吧。

是不是可以把不同的本体论提案产生的原因归结为不同的抽象程度？比如：

（1）从具体物质和现象中抽象出"金木水火土、水气火土"之类；

（2）从上述概念中抽象出"质料和形式""物质与精神"等关系；

（3）从上述这一切中抽象出"差别和差别者"。

用三次抽象过程，得到了这个概念。

修理的：

大体如此。

要注意，这是个抽象程度和本原论方案的关系表，并不是哲学史的编年表。哲学史上各个时期试图将"差异"作为原点的努力不在少数。

例如，用"差别和差别者"作为洪范的思想，最早可追溯到《易经》中的"阳爻、阴爻"，已经蕴含了差别和差别者对立统一的思想。阳爻、阴爻就是差别者。只不过它们各自的"纯度"不足，都还蕴含着各自的意义和内容，两个差别者各自都还含有具体的属性。

就像普通人因为有十根手指，就特别喜欢用十进制。传说道家常用食指和中指并拢的"剑指"，表示一阴一阳，他们心目中可能只有这两根手指，故而更喜欢二进制……

晨晨：

哈哈……笑瘫了！

修理的：

哈哈……笑笑罢了。

你听说过"一进制"吗？谁都知道，用一个符号表示所有位数的内容根本不可能，没有相对者，什么都无从谈起。所以，无论"唯"什么都没意义。

晨晨：

这回不敢笑了，事关生死存亡、兴衰成败啊！

接下来呢？

◆◆◆ 元间简史

还能不能对"差别和差别者"再抽象？

修理的：

这个也要试试才知道。

问题涉及抽象方法的极限，等你学了"极限"概念，我们再讨论，今天先到这里吧。

晨晨：

好的，谢谢修理的，晚安！

给晨晨的邮件：

关于"对立统一"原理的推导

第一个推理方案

前提：物质都是由其他物质组织而成的。

把物质素材不断简化：最简化的物质也必须具有至少两个素材，这是素材数量的下限，不能再少。

那么：在只有两个要素的组织中，这两个要素必然是对立的，必然力图保持着自己不同于对方的独立性，否则，就会融合在一起，相互都没有存在的必要了。

同时：这种对立是有限度的，是以维持统一为前提，以不分离的统一性为原则，否则就不再是一个事物，任何物质都没有存在的可能性了。

于是：物质的要素，一方面要维持自身的独立性，和对方保持对立，不被对方同化和吸收，另一方面又要维持和对方的统一，不能无限疏远对方。

所以：两个要素就必然处在这种既对立又统一的动态的平衡中，所以叫作对立统一。

第二个推理方案：

论题：对立统一是一种关系，而且是最基本的关系。

前提：所谓"关系"，是指结构中的要素相互之间时、空分布的秩序和样态，是要素之间相对的意义。

那么：只有要素之间相对时才有关系可言。比如任何"力"都是至少两个以上的要素相互之间作用的现象，没有对象就没有力。

单独的"素材"不能作为素材和存在，也无关系可言。

如果：（1）素材之间的关系无限紧密，使得素材之间的差别趋于消失，就可能变成单独的"素材"，就回到了无关系和无素材。（2）素材之间的关系无限松散和微弱，以至到了关系变得无意义的程度，"素材"也就不再作为素材了。

所以：关系仅存在于上述两种极端状态所限定的边界范围之内，处于既对立又统一的中间状态中。只有对立统一才构成关系。任何具体的关系都必然是一种对立统一的模式。

将抽象进行到底

一晃数年过去了，读了"极限"课程的晨晨理直气壮地走入书房。

晨晨：

修理的，我回来了！

limit 我学过了，记得以前说好了的，要看看还能不能对"差别和差别者"再抽象，咱们试试吧。这次讨论我连线邀请了姐姐，让她也来聚一聚。看，她上线了。

修理的：

好啊，好啊！

晴晴：

嗨！大木桶，妹妹，晚上好！

晨晨：

姐姐好！

如你在家庭微信群里看到的那样，修理的——你的大木桶——说，一个概念如果还能从中得出其他概念，那么，这个概念还不是最大、最普遍的集合或洪范；反之，就可以表明，这就是抽象方法的极限，是最单纯的概念，最单纯的概念才可能是最普遍的，毫无例外属于这世界一切事物的共同特征。

今天是要解剖一下"差别和差别者"这个概念，看看它算不算是洪范，算不算是最大的那个洪范。

大木桶/修理的：

好，我们现在要做的是将抽象进行到极限位置，进行到不能再继续的程度，直至最后边界。

这个思考对于学过"极限"概念的高中生和大二学生来说，就是一道简单的例题。

先建立一些条件。

假设前提：世界上所有的物质都是由其他物质或要素组织而成的。

那么，组成一个物质的最少物质要素的数量是2，是两个差别者。

那么，这两个差别者之间必定是有差别的，处在差别之中，而且还具有一定的差别形式。

我们的思想实验有两个方向：

一是，假定两个差别者之间的差别向无穷小方向发展；

二是，假定两个差别者之间的差别向无穷大方向发展。

先来看第一种。

不断减少两个差别者之间的差别，无论是时间、空间，还是样式等，任何差别都在减少，两个差别者之间所有的差别内容都越来越小。一旦这些差别的内容减小到没有意义、趋近于消失的时候，会发生什么呢？一旦这两个要素之间的差别都消失了，两个差别者之间没有了差别，两者就会直接等同，没有了差别也就没有了差别者，没有了关系，就只剩下唯一一个要素了。

这种局面就违反了前面设定的前提，原先那个物质就再也不是原来意义上的物质了，这个物质就消失了，就没意义了。

再来看第二个方向。

两个要素之中的一个不断增大，相应另一个要素不断减小，或者无限远离，当这种差别达到无穷大之后，差别本身的意义消失了，或者只剩下一个要素了，作为差别者的对象变得微不足道，没有意义了。和上面的例子结局一样，这个物质消失，进而所有物质就都消失了。

差别者即将消失，差别的形式或内容也随之失去意义，差别也就随之消失，这种将要达到却还没有达到的临界点，就是抽象所能到达的"极限"。

我们可以把将要失去意义的差别，把将要没有了内容或者说将要没有任何差别形式的差别，极限状态的差别叫作"**纯粹差别**"，把即将失去对象的差别者，极限状态的差别者称为"**纯粹差别者**"。

晴晴：

如果是这样，纯粹差别和纯粹差别者之间的差别也趋于消失，两者重叠在了一起，两者也将失去区别，两种东西都失去了原来的意义，将变成彼此相等的同一种东西。既然没有差别，纯粹差别和纯粹差别者这两个东西就是同一个东西了？

纯粹差别和元子

大木桶/修理的：

是啊！两者就会趋于重合，可以把这种纯粹差别与纯粹差别者重叠为一体的对象称为"元子"。

元子是抽象的极限。离开这个极限之后的都是具体的有内容的差别和差别者。

真正的元子是一个没有任何内部结构，没有任何外在特征的，无法形容和认知的东西，而且没有任何外在联系。或者说这世界上除了这个唯一的元子之外再也没有其他任何东西了，世界就是一个唯一的元子，一个元子就是一个世界。在这个奇点上，一等于无穷，无穷等于一，如佛经里所说"一为无量，无量为一"。

这个元子就是一个世界的全部，也是我们所有推理规则无效的边界和尽头。

晨晨：

要是这样，所谓元子的世界就是一个彻底寂灭的世界，不再有任何生机，对吧！

大木桶/修理的：

理想状态是这样的，不过，正如数学老师反复教导我们的那样，可以无限逼近极限，却不可能真正到达极限，一旦越过了极限，就越过了定义域的边界，原来的推演规则就失去了意义，就是另一回事了。

还是拿庄子著名的"半尺之棰"为例，如果不停地分割下去，对越小的粒子，切开它所需的能量就越大。为了敲碎更加微小的粒子，人类已经建造了直径27千米的巨型加速器，据说还在酝酿建造100千米甚至更大的，但还是微不足道。照理说，当需要用全宇宙所有的能量才能够击碎最小的粒子时，最小的粒子所蕴藏的能量就等于全宇宙的能量，这个定义域应该无法逾越。

所以，在物理事实上无限消除或无限扩大差别的努力永远在无限趋近于元子状态的路上，真正的元子状态不会真的出现。

哲学与科幻

晨晨：

修理的，你杜撰的这个"元子"是不是有点太科幻了，这也能算哲学吗？

大木桶/修理的：

这取决于你怎样看待哲学。

哲学的任务是，探索世界的基本规则是什么；这个规则放在哪里；它和世界的关系。

世人多少都对哲学有一些崇敬和神秘感，以为哲学的皇皇巨著叙说的都是亘古不变的真理，都是圣贤们在向世界颁布洪范，人们只需要顶礼膜拜、奉为圭臬就可以了。其实，这只是对已有哲学成果的一种态度，并不是哲学本身，更不是全部。

更令人无奈的是，自古以来，无论是东方还是西方，都有一种坏习惯，就是把哲学作为统治工具。例如，从秦始皇"焚书坑儒"到汉武帝"罢黜百家，独尊儒术"以来，哲学被加持了一层皇色，被赋予了一件神圣不可侵犯的盔甲，唯一一种学说成为官学，其余皆为非法。哲学沦为禁锢人民思想的枷锁，同时也禁足了哲学自己。这就从根本上封锁了思想方法改进的空间，所有的创新都只能从这块大石头的边缘或破绽中寻求出路，都苦苦找寻着压顶巨石上可能出现的缝隙，或许能透出的那一丝亮光。

如果这世界上只有一个国家和民族，或一家独大，或有大漠、海洋、高山、荒原阻隔，互相干涉很少，各自一宗哲学也许就够用了，或者说只有一宗哲学才能更长期维持稳定，发展不发展并不重要。但是，如今这个世界是密切相关、激烈竞争、高速发展的世界，是思想方法竞争的世界。思想方法不仅关系稳定和发展，更是生死存亡的问题。

千万不要笃信眼前的条陈就是亘古不变的真理。和科学理论一样，哲学观点的产生也是一个达尔文竞争过程。人们崇敬的只是历史上曾经为社会进步发挥过重要作用的理论和经典，是历史长河大浪淘沙筛选后剩下来的极少数胜出者，更多方案被淹没、降解在历史的滔滔洪流中，历史在不断发展，这个淘汰过程还在继续，谁也无权作为唯一的真理代言人。

和跟不上科学发展一样，更有甚者，如果哲学不跟上时代，淘汰的就不仅仅是哲学，而是信奉落后哲学的族群，淘汰的是执拗于不合时宜思想方法的族群。落后就会挨打，对此我们有着惨痛的教训。

即便不奢望哲学超越时代，至少哲学的任务是密切紧跟时代的发展，不断生成尽可能多的新的哲学方案，让所有的这些方案与现有的经典发生激烈的冲突和比较，在竞争中沙里淘金，优选出更好的思路，整理出更好的方案，不断推陈出新，只有这样，哲学才不会死。

与科幻小说的意义有点像，不要指望哲学说的都是真理，只有把所有可能想到的都想一遍，这其中或许才会有正确、前瞻的东西。哲学是最应该百花齐放的领域，应该是个充满活力的变异池。

探索世界的工具分为两大类，实践和逻辑推理。哲学、科幻、数学、理论物理等都属于后者，它们的一个共同的特征是：洞察＋推理＋猜想，都是把敏锐、严谨、浪漫发挥到极致，差别仅在于各自的这三种成分比重不同罢了。

哲学不如科学那样扎实，不如科幻那样激进，但既有科学的严谨和实证，又有科幻的浪漫与猜想，使其有可能用逻辑工具诱发推理的灵感，得出意想不到的具有参考意义的结果。

哲学和科幻有相似的作用和意义。只不过科幻的对象是具体的技术细节，哲学以宏观、整体为对象，但都充满对未知世界的期盼和憧憬。因此，哲学的价值在于提炼和猜想而不是信条，也就很难说有正统。

猜想和推理都基于规则，相比之下，猜想受规则的约束更小一些，可以用来弥补或突破推理规则的缺陷和制约，收到意想不到的效果。

所以，哲学特别需要猜测或幻想，事实上，很多哲学经典本身就是一部幻想作品。

不要担心我们的想象可能僭越自然规律，事实上我们的想象力远远小于自然界无限的可能性。理由很简单，因为人的大脑，大脑所做的一切，本身就属于自然界的内容，人的想象只是自然界无限可能性中很小的一部分。

总之，对于经典的传承和诠释，属于哲学学，真正的哲学是范畴和话题的比较与创新。

元子之境

晴晴：

这个正在走向寂灭的元子世界一定有些不为人知的奇妙之处吧？请不吝赐教，当一回导游，讲讲元子世界的故事，带我们浏览、参观一下这个您幻想出来的神秘的元子世界吧。

大木桶/修理的：

好吧，欢迎来到元子之境。

游览一座城市，先要在大街上转悠一圈。建筑物是城市的基本要素，每个要素都有自己的特点，房屋之间的位置关系就是要素之间的一种关系形式。任何一个物体或系统都是由一些要素以一定的关系形式组织而成的，了解一个物质的内部，就是穿梭于这些要素之间，先观察每个要素的样子，再观察每个要素之间的关系样式。

元子之境的建造过程有些特别，与我们通常看到的城市建设不同，甚至相反。这里的习惯是，逐步减少要素之间的差别。首先要消除每座房屋的样式差别，之后，房屋之间的时间和空间差别也要消除，之后，构成房屋的材料，乃至材料的材料……之间的一切差别都要消除，最后，接近时间、空间、物质、物质形式等都快要消失的最后关头，所有的一切将收缩成唯一的奇点。

这种极端条件下，每一个房子都没有了内部结构，都没有了构成这个房子的材料，每一个房子之间、每一个素材之间的关系形式也都趋于一致。任意两个个体之间如果没有任何差别，那只能是同一个个体了。所有个体之间没有了任何差别，那么所有个体就是同一个个体了。只剩下一个个体了，也就没有个体了，个体就直接等于整体，就变成只有唯一个体的整体，或者说，无法再区分内部和外部的个体就是整体，这样的个体直接等于整体的"颗粒"，我们称为"元子"。

个体之间相互的差别者都消失了，那么作为差别者前提的差别形式同时也消失了，最后，纯粹差别和纯粹差别者之间也没了差别，当这些差别减少到极限状态，元子之境就算差不多建成了。

晴晴：

这就是说，没有差别者的差别，或没有差别的差别者，纯粹差别与纯粹差别者的直接重合状态就是元子，这就是元子的定义？

大木桶/修理的：

是的！

就理想目标来说，这个元子周边的邻邦必定在无穷远处，不成为这座城市的差别者。严格来说，整个元子之境只能有一个这样的元子，对元子世界来说，无论内部还是外部都没有多余的内容。

晨晨：

既然没有任何内容，也就无从分析，谁也别想进去参观。不仅如此，因为理想的元子世界没有外部环境，连参观者的立足之地也没有。

大木桶/修理的：

万幸的是，元子世界只是无限接近了它理想化的状态，却还没有最终达到这个状态，刚好处在我们所熟知的极限状态。说白了，就是所有个体之间的差别还没能最终达到完全消除，还有最后一丝差别留存，无法最终消除。还有最后一个钉子户，叫做"limit"的小姐姐，在顽强抵抗着，坚守着最后的阵地。

就是因为这一点点残存差别，我们面临一个还没有最终完工的元子之境，恰恰因为还没完工，再加上人类无与伦比的想象力，所以还是可"参观"，可分析的。这一点点差别一旦消失，这座城市就不存在了，我们谁也进不去了。不过，试图真的混入元子之境，我们身量太大了，好在我们的想象力可以无比纤细，甚至可以在任何环境中游刃有余。

那就请跟我来。

元子之境的边防检查已经非常松懈，检查站全然荒废，因为它已经占领了所有你能想到、看到的任何空间，包括你现在站立的位置和你自己，都已经属于它的领地，元子之境已经没有内与外的区别，也就无所谓进不进入。

无限维

大木桶/修理的：

理想的元子世界，每一个元子都在极限意义上直接等同于每一个、等同于所有的其他元子，因而就只有唯一的元子。但是在目标没有最终达到之前，每个元子之间虽然无限接近，但仍有区别。在这种特殊情形下，每一个元子与任意一个元子，与所有元子都无限接近，甚至直接相邻，你只要摸其中一个，就已经摸到了无数元子中的每一个，因为这里的规则是"一为无量，无量为一"。这是真正的广泛联系，如果把每一个元子与另一个元子之间的关系都看作一个维度，这里的联系就是无限维联系，无差别的**无限维度联系**。

晴晴：

我们的直观思维只能想象三维空间，四维空间已经很难形成直观印象，对于无限维又该怎么形成直观的空间概念？

大木桶/修理的：

确实很难，不过，古人早有过这样的思考。

《楞严经》里有一个故事，很多听讲者都邀请佛陀到自己的位置上坐坐，佛陀欣然应允，一瞬间同时出现在每一个座位上。常识中，同一个物体不能在同一时间处在不同的空间位置。实现这个效果的途径有两种：一种是把佛陀的信息复制很多，同一时间传播到不同的位置，正所谓"千江有水千江月"嘛；另一种就是利用多维空间。每一个座位就是一个维度的空间，在直观的三维空间里，这些座位只能在同一个维度的不同位置，不能在同一时间到达，但是在其他维度中，这些座位是直接相邻或重叠的，从我们面前的三维空间观察，就是同一时间出现在了不同位置。

再来设想这样一个场景吧。两个立方体，各有六个面，在同一时间中，只能将自己的一个面与对方的一个面直接贴合在一起。如果想要在同一时间内将双方各自的两个面贴合在一起，就必须有额外的空间维度，如果试图同一时间内将12个面都贴合在一起，那需要有多少个额外维度呢？

正方体也还罢了，如果是两个球体呢，每一点都要在同一时间贴合，就需要有无限的维度，更何况有无限个球体呢，说需要有无限维度不过分吧？

晴晴：

如此说来，量子纠缠现象是不是也可以用多维度来解释？一个粒子的量子态与无穷远处的另一个粒子处在纠缠之中，在我们视界的三维空间里隔了很远，在其他维度里，这两个粒子却是相邻甚至是一体的。

大木桶/修理的：

我们的模型是这样的。现实中或许会有这种可能。

晨晨：

为什么这些元子不放弃抵抗，放弃自己作为最后差别者的身份，直接融合为同一个元子？

大木桶/修理的：

一方面，消除差别是一个能量耗散过程，在一个特定的封闭的定义域中，耗散的能量无处可去，只能平均分布在所有的素材中，素材肚子里有了能量，就很难与其他元子融合了，所谓残留的差别是最后剩余的不均匀，是极限状态的最后差别。

另一方面，对于趋近于无限均匀的系统来说，越是均匀，差别越是凸显，看起来似乎是无限小的差别，但其相对值却是无穷大。看似微乎其微、弱不禁风的 limit 小姐，被剥夺了自己几乎所有的内容，这残存着极其微小的部分，比如只剩下多少个亿亿分之一纳米长的一小段"睫毛"，甚至更小，可能远远小于普亮克常数。不过，随着具体特征的逐步消失，这残存的差别相对于整个系统来说，差别并不是越来越小，反而是越来越大，因为越是均匀的系统，残留的差别越显突出，对抗均匀化趋势的"情绪"也在不断增强。差别本身越小，相对趋于无限均匀的元子世界来说差别就越大，limit 小姐个性越趋执拗，最后的"钉子户"要价高得离谱，她要的是整个世界，这个世界因此变得危机四伏。

而且，由于所有元子趋向于变成同一个元子，把无限维"委屈"成唯一维度，那么，这个残存的差别者的差别不仅是相邻的一些元子之间的差别，而且是相对于所有元子、每一个元子的差别，每一个元子都直接感受到了这个残存差别者的作用。这种差别处在每一个元子之间，因此也是这个世界整体的差别。

晨晨：

这种对峙能僵持多久呢？

大木桶/修理的：

元子之境几乎没有时间，或者说时间几乎停止。直到元子们实在无法容忍 limit 小姐的任性，一场暴动终于爆发了。残留的不均匀，残留的差别成为产生新差别的原因，元子之境发生了一场惊天动地的大爆炸。

晨晨：
　　会不会把整个元子之境都炸开？
大木桶/修理的：
　　这要看倔强的 limit 小姐的这一小段"睫毛"中所残存的差别了，看她用于抵御无限均匀化拆迁运动的能力和形式，或者说，取决于她要的拆迁条件，取决于最后残留的极限状态的差别形式，即残留的极限状态的不够纯粹的"纯粹差别"的样式。也就是近乎无限均匀的元子世界容忍最终残留差别的气量和厌倦。

　　如果这次"街头暴动"只发生在残存差别更集中的那些不均匀维度，那就只是一场在这几个维度里烈度稍强些的骚乱，也可能这座城里还有很多类似大大小小的骚乱和事件在发生。此起彼伏，之后又逐渐各自平复。

　　元子之境整体趋向平静的过程，是通过一系列的小规模涨落和调整来实现的。元子之境的每次"局部"爆发和骚乱都是"整体"走向更加均衡的手段和途径，不过它永远也走不到绝对均衡的那一刻，只能永远处在不断的、此起彼伏的动荡和调整之中。
晨晨：
　　有点像"大爆炸宇宙学"耶。
大木桶/修理的：
　　是很像，所不同的是，"大爆炸宇宙学"假定的范围是整个宇宙，是全集，宇宙的一切都起源于这次爆炸。我们这里假定，元子之境才是全部宇宙，是一个毫无例外的全集。这次爆炸，只是这个元子之境中所有元子无限维联系中，某一小簇微不足道的维度被过度展开。由于这次展开，或者说，有一小簇维度发生了异乎寻常的一点点额外差异，这点额外差异产生了我们居住的这个宇宙。所以，可以把传统的"大爆炸"生成的宇宙看作元子之境无限维度、无数次涨落中微不足道的一次，是元子之境的一个现象和事件。

　　而且，局部的爆炸只是整体趋向于消除差别的途径，所以每一次每一个爆炸最终都会趋向于差别再次消失，趋向回归与平静。

晴晴：

这似乎是在启发我们重新从更宏观角度猜想"大爆炸宇宙学"。

元子世界为了最后消除残存差别，不得不始终处在无休止的局部动荡中。趋近于无限接近的无限维联系并不是均衡的，到处都是骚乱和暴动，一簇簇特别激进的维度被突出展开，扩展成了一个个小宇宙，我们居住的这个世界仅仅是其中之一。

这些展开的宇宙，都是一个个从爆发到收缩的相对独立的过程，都是元子世界消除自身差别总趋势中的一个个局部现象。

大木桶/修理的：

哈哈，比我还能猜！

应当强调的是：这一个个通过爆炸方式展开的小宇宙，都仅仅是无限维联系中的一簇簇维度的展开，每一个元子作为最后的差别者，仍然在这些没有展开或没有充分展开的维度里保持紧密或不同程度的关系，只是在这一簇被突出展开了的维度里才更强烈地表现出相对分离的个体性质。

晨晨：

对元子之境来说只是微乎其微的"局部"骚乱，是众多抗议活动中微不足道的个案，对人类来说，却是广阔浩瀚无垠宇宙的诞生和起点，我们的家园就来源于某一次微不足道的爆发。是吧？

大木桶/修理的：

我也是这样猜的。

需要注意的是，元子世界中，任何一个元子都直接接触每一个其他元子，或者说任何一个元子本身几乎就是所有的元子，任何涨落都是所有的元子中每一个元子毫无例外地集体行动，元子世界中没有真正的局部和整体区别，没有个体和全体的区别，个体之间的差别已经趋近于消失。残余差别仅仅表现为普遍联系或无限维联系的趋于极限状态的不均匀，当这种极限状态的残存差别减小到某种程度后，反而使系统无法承受，迫使这些少数维度突然展开和膨胀。或者说是 limit 小姐的那段残存睫毛之上的某个褶皱被突然展开、放大，被重新具体化了，而这种褶皱是以元子之间各维度联系不均匀方式体现的。

初始元间

晴晴：

你刚才说，limit 小姐残存的那一小段睫毛上某一个微乎其微的褶皱被突然展开、放大？是不是意味着，这个皱褶当时的模样影响或决定了后来我们居住的这个宇宙的模式？我们这个宇宙的洪范就是某个微小褶皱的形象？

大木桶/修理的：

可能。

初始差别可能类比"宇称不守恒"。

这种"宇称不守恒"应该不是纯粹的差别，而是有一定内容的具体差别形式，比如，某种样式的对称破缺。

例如，我们所居住的这个宇宙，人们直接生活在的、感受到的是三维空间和一维时间。最新的物理学知识说，很可能还有其他更多的空间维度，可以把最直观维度理解成"充分展开"了的维度，把其他不直观的维度理解成不同程度"蜷缩"着的维度。这些维度的配比可能就是传说中 limit 小姐一段残存睫毛上那个褶皱的形态，是元子之境中的一个残存的极限状态的差别形式。

我们所居住和生活着的这个世界，我们所说的"宇宙"，很可能仅仅是无限维元子之境里极少的一小簇维度稍微突出或额外展开形成的一个很小的局部，我们所讨论的元间也只是我们这个世界里发生的故事，是我们这几个人谈论的关于这个宇宙的理解、猜想和模型。

今天就到这里吧，下周日我们去那株菩提树下野营好吗？

晴晴、晨晨：

好啊好啊，已经好久没去了……

菩提树下

初春是深圳气候最宜人的时光,仙湖植物园山脚下的湖畔,一株巨大菩提树下,布置好帐篷、折叠桌椅,一家人围坐在一起,看书、听音乐、聊天。

把进化论贯彻到底

晨晨(捡起一片树叶,说):

听说,叶子的形状和树冠的形状会有相似性,来比比看……哇!是呀,这菩提树的树冠形状和它的树叶是很像呀。

晴晴:

那叫"生物全息律",是一位名叫张颖清的教授提出来的。这类现象太多了,例如人的躯干是五个分叉,手掌和脚掌也是五个分叉,竹子的躯干是细长的,竹叶也是细长的,不胜枚举。如此类推,局部和整体的形式是一样的,这是个规律。大木桶,你同意吗?

大木桶/修理的:

说是一类现象可以,说是生物界的普遍规律有点过头,因为反例也很多。看湖边那排大王椰,树干、叶片、果穗都是细长的,果实却是圆的,生物可没那么僵化啊。

不过,确有这些事实,局部会采用与整体相似的形式,一种规则或程式会用在不同的部位。

晴晴：

是啊！规律是有层次的，有自己适用的领域和范围。适应面更广大的规律，古人叫作"洪范"。你们哲学爱好者追求的是最大的那个"洪范"，或者称为"元规则""第一原理"，是吧？

娘子：

相公，你心目中最大的那个"洪范"应该具备什么资格？

相公/大木桶/修理的：

必须是一切事物都毫无例外遵循的规则和具备的特征。

娘子：

听上去也没那么复杂啊，咋一不小心就争论了几千年？

相公/大木桶/修理的：

问题出在这"一切事物"上。过去，一方面，人们对这个范围界定不清楚，没有把这个原则贯彻到底，给"神"和"自然规律"这两个"纨绔之子"开了后门，它们不被算在"一切事物"里；另一方面，达尔文学说出现时间不长，进化论还没有被真正贯彻到底，这两个缺口是造成迷茫的基本原因。

娘子：

那好，可以把"必须是一切事物都毫无例外遵循的规则和具备的特征"叫作 A 原则；把"进化论"叫作 B 原则。

如你所愿，把这 A、B 两个原则都贯彻到底，会出现什么情况？

相公/大木桶/修理的：

这样思路就明快多了。

追溯到世界的起点，把从世界起点到现存的所有事实、事件、事物、事、物体……统称为"一切事物"，寻找它们的共同特征，就可能找到最大的洪范。

晨晨：

这也没有啥神秘的啊！这也算是哲学？

相公/大木桶/修理的：

对呀，哲学其实就是常识，都是最简单最直观的逻辑推理，只不过经常被"非常识"所遮盖或蒙蔽罢了。

不过，要把一个原则贯彻到底，还是需要一点点执着和勇气的。

如果我们相信世界是进化形成的，就必须设立一个起点，一个进化的出发点，相信眼前这纷繁的世界都是从该起点开始，逐步发育演变而来的。

如果要寻找一个贯穿全部进化史、属于整个进化史过程中所有事物共同拥有的特征或洪范，就只能在这个进化史的起点状态中寻找。原因很简单，如果到离开起点之后的某个位置去找，就不再包含选定位置之前的性质，就不能算是"全尺度"，就不是在"一切事物"中去找寻，就不具备全尺度意义上的一般性了。

晨晨：

同意！

晴晴：

照这个思路，既然世界是从最简单的状态，逐步进化到纷繁复杂的状态，如果有一个洪范是贯穿整个进化史全过程的，这个洪范就只能是这个进化史起点的状态和性质，而不会是起点之后的任何一种其他性质。只要找到了世界起点，找到了世界起点的性质，也就找到了属于全部世界进化过程所有阶段的洪范或者一般规律。

相公/大木桶/修理的：

这个推理没毛病。

可以把世界进化发育演变的全过程，理解为是这个起点性质状态自己不断发育演变的过程。

晴晴：

如此说来，把 A、B 两个原则都贯彻到底，会得出这样的结论：规律，自然规律，和世界的其他事物一样，也没有什么特权，也都是发生、发育、演变、生成的。自然规律本身就是一个伴随世界发生、发育全过程的进化历史，本身也是一个过程。

这个过程的每一个阶段，都是不同层次的规律或洪范。

越是接近起点的洪范或规则，所具有的一般性程度就越大，同时也就越简单，出现的时间也就越早。反之亦然。

相公／大木桶／修理的：

不错，大体应该是这样的。

不过这都是线性推论，可能会有一个很重要的疏漏。

晨晨：

疏漏？

相公／大木桶／修理的：

嗯！

线性推论只在不出意外的条件下有效，如果有例外，就失之毫厘谬以千里了。

进化论有一个重要的观点是"突变"。一般情况下，进化或演化是在某种规律的约束下进行，差不多是线性的，是可以预测的，但是也经常发生意外，产生突变。突变后的局面不再受原先规则的制约，出现了例外，例外意味着遗忘，就把原先所遵行的规则丢失了。

进化史中被遗忘和丢失的规则数不胜数，并不是所有规则都能始终被继承和延续。如果这样，就很难使所有规则成为贯穿始终的规则，很多甚至连痕迹都没留下。

一个突变产生的规则或许难以找到其生成的脉络。这种天降之神的历史性也就成为新的问题，也构成对规律进化论的挑战。

换言之，原先的规则丢失了，原先的自然规律就被改变了。

晨晨：

这很无奈，要是规律也变来变去，岂不是无规律可言了？

相公／大木桶／修理的：

那还不至于。规律毕竟是一种力量，一种具有决定性和强制性的力量。由于规律的层次很丰富，突变发生在不同的层次上，而且只能发生在规律的强制性和周延性不足的地方，一条鱼只能从网眼或漏洞中逃逸，洪范意义上的规律就没那么容易被遗忘被突破了，这些我们以后再说。对自然规律还是要有信心。

晴晴：

上周我们已经找到了那个神秘的起源点，帷幕已经拉开了一条缝，接下来该看看后面的剧情了吧？

相公/大木桶/修理的：

好的。

我们用把进化论贯彻到底的方法，用极限追溯的方法最终得出了纯粹差别和纯粹差别者几乎同一的状态。稍离开这个不可实现的极限，是差别和差别者对立统一的状态，这也是离开极限后的第一种状态。我们把这一点设定为世界的起点，设定为我们这个世界的起点。

晨晨：

由于实在无法容忍那位固执的 limit 小姐，元子之境中某个局部某些维度脱离了无限趋近于无限均匀寂灭状态的进程，突然掉转头来，猛地爆发性展开，重新把将要变成纯粹差别和纯粹差别者而直接重合同一的状态再次分裂为具体的差别和差别者，导致了那次大爆炸，我们世界的发展历程应该从这次"大爆炸"开始。如果自然规律也属于自然本身，那么，自然规律的发生起点，洪范的生成起点也应该从此开始！是吧？

那么，最初的世界是什么样的？都生成了些什么呢？

相公/大木桶/修理的：

与其说最初生成了什么，不如说原来还残留了什么。因为系统无法最终消灭那点点残存的差别者或差别，才引发了爆炸，引发了宇宙的重生，那么这个残存差别或差别形式就是这次大爆炸最初产生和形成的东西和样式。

由于这"时"的差别和差别者还处在几乎重叠或同一的状态，可以把这个将要进入爆发临界点状态极限位置的差别叫作初始差别者，或者初始差别形式，或者"初始元间"，或者"先天元间"。

我们这个宇宙全部的发育史都可被看作从初始元间发端，逐步发育、演变、积累、消解、回归、消亡的历史。

元间概念

晴晴：
　　元间？请用最简洁的文字定义"元间"。
相公/大木桶/修理的：
　　元间＝差别形式。
　　我们用"元间"这个词来概括所有的"差别形式"。
晨晨：
　　听妈妈说，你在写一本《元间简史》的书，元间的历史可以从这里开幕了吧。
　　最初的差别形式或"元间"是些什么？
相公/大木桶/修理的：
　　离开了纯粹差别和纯粹差别者的极限位置，最初出现的具体差别形式，也就是具体的元间，其中主要有这样一些大名鼎鼎的成员：时间、空间、相互作用的力，以及力的实现形式——能量。
晨晨：
　　你是说，时间、空间、能量、力都属于元间？
相公/大木桶/修理的：
　　是啊，这些显然都属于"差别形式"，这个不难理解吧？
　　大爆炸前、后就是两种状态，这两种状态之间的顺序就是时间，就是一种元间。
　　同理，爆炸使得元子之间的重叠或趋近于无限紧密的关系发生了改变，元子之间出现了分离，元子之间成了差别者，这种差别表现为不重叠的关系，甚至出现了些许空隙，出现了相对位置的差异，这种不重叠的相对关系就是一种差别形式，这种差别形式就是最初的空间。换言之，空间也是一种差别形式，也是一种元间。
　　至于把"力"和"能量"归类于差别形式，对于学过高中物理的学生来说，这是再明白不过的常识，就无须细说了。力和能量都只能出现在差别者之间、出现在差别者之间的相互作用中，都是具体的差别形式，因此，力和能量也都是这样一种典型的元间。可以接受吗？

晴晴：

没问题，这些概念和词语很浅显，可以理解。

相公／大木桶／修理的：

过去，我们习惯把时间想象成永恒流逝的长河，把空间想象成无限宽广可以容纳万物的一个无比空旷的舞台。这些观念自爱因斯坦之后已经发生了改变。

这里出现的观点是：空间、时间、力和能量都源自同一个几乎重合的"奇点"，都是这个点的展开形式，都是生成的，都不是固有的、可以单独存在的实体。离开了差别者，这些都没有意义，元间是差别者之间的差别形式，这种形式是变化发育着的。

晴晴：

那么纯粹差别和纯粹差别者分离之后，最早出现的差别者都是些什么呢？

相公／大木桶／修理的：

首先是元子的具体化。元子原先处在无限维联系的近乎绝对同一的状态，处在近乎只有唯一元子的状态。当大爆炸破坏了这个状态之后，原先均匀的无限维联系出现了破缺，一小簇维度被不同程度地格外展开，这些展开的维度实际上是生成、分离了元子，元子世界不再是唯一元子，在这些格外展开了的维度上出现了更多的元子，这些元子互相之间就是新生成的差别者。

其次，是那些新生成的元间，或者说新生成的差别形式本身就是新的差别者。

新生成的元间有几种类型，空间、时间、力互相之间也属于最初的差别者，就是说，元间互相之间也构成差别者关系。

还有，在这格外展开的一小簇维度中，并不是每个维度都均衡展开，很多维度都处在"蜷曲"状态，只有微弱表现，突出的只有三维，这些维度互相之间也是最初的差别者。

还有，既然时间是差别形式变化的次序，差别形式变化得越快，元间更迭越是频繁，时间就越快，反之，差别形式变化得越慢，时间就越慢，两种时间尺度之间也构成了差别者关系。

还有，元间作为差别者的情形属于差别形式之间的差别形式，元间的层次性由此出现。处于不同层次的元间之间构成差别者的关系。

这样，就又出现了两类差别者，一种是元子，另一种是元子之间的关系，毕竟差别和差别者刚刚分开，相互之间的差别还不是那么泾渭分明。例如基本粒子和这种粒子之间的作用可以相互转换，并不是两种截然不同的东西。

晨晨：

哈哈，别忘了，还有一个最重要的差别者——Limit 小姐的那段睫毛中残留的褶皱……

相公/大木桶/修理的：

对啊，对啊！这既是残留的又是初始的，既是差别者又是差别形式。相对于之后的元间史来说，可以称作"先天元间"或者"初始差别者"，是这个世界的起点状态。

这个阶段里差别者就是上述这三种。

差别只能是差别者之间的差别，两者是相对的。

脱离了纯粹状态后，所有差别者都具有具体的差别形式。或者说，具备具体差别形式的差别者，才是具体的差别者，反之亦然。

晨晨：

终于可以结束这让人烧脑的"元子之境"旅行了。

以后的故事我这样猜想：随着大爆炸的进行，除了"先天元间"之外，之后所有的差别者、差别形式，都是一部有着发生、发育、生长、积累、消解、衰退、消亡过程的历史。

能够贯穿这个历史的唯一规则是差别者与差别形式的对立统一，世界全部的历史就是一部差别者与差别形式的对立统一关系具体演变的历史。因此，差别与差别者之间的对立统一就是这个世界的基本形式、基本规则、基本洪范。

其他所有人：

赞同！

物质是一种差别者和差别形式的对立统一体

晴晴：

大爆炸之后的故事人人皆知，已经成为天文学、物理学的经典，大木桶总不会打算用推理的方式重演一次吧？

相公／大木桶／修理的：

当然，当然，还不至于迂腐到这个程度吧。

用逻辑方法推演物理过程，这是以前的惯用方式，因为那时科学观测和分析的手段还很缺乏，更多的工具是猜想和推测。例如，许多太阳系行星都是先预测后证实的，直到1939年，有一位四川的刘子华博士居然用周易八卦方法推演出一颗未知的行星，据说2005年美国加州理工学院一位教授还实际观测到了这个天体，不知是否属实。总之，推理的途径不止一条。如今，基于量子力学的天文观测和研究，已经形成了一套对于大爆炸之后这100多亿年以来宇宙演化的编年史，几乎每一种物质的生成都能在这个编年史中找到出处。

一张基本粒子表，一张化学元素周期表，告诉我们，现存世界上的基本物质要素物质并不是无穷多种类，而是只有这两张表上的一两百种，几乎所有物质的性质都能被这两张表格所描述，都是这两张表上的列位"仙子"们互相之间的排列组合形式。这两张表尽管还显粗糙，却已经成为现代科学技术和日常生活的基石，获得了无数辉煌的成就和坚实的验证，也就彻底断绝了试图靠纯粹猜测另起炉灶的妄想。

娘子：

那你们这些自以为是的哲学爱好者还有什么可做的？你们还能找到点什么呢？

相公/大木桶/修理的:

我有两个发现:

其一,一些差别者充分积累形成**物质**,一些差别者和差别形式充分积累形成元间。

其二,这世界上所有的物质都是由其他物质或者说另一些物质以一定的组织形式组织而成的。

其他所有人:

哈哈哈……哈哈哈!

你真会聊天,这第一点勉强有些道理,这第二点嘛就是个常识,还用发现?尽人皆知呀!

相公/大木桶/修理的:

嗯嗯……

是有点可笑……没错,这确实是常识。

不过,哲学本来就是讨论常识的。好在这个常识并没有被太深究过,给今天的讨论留下了余地。

从我"发现"的这个常识中可以梳理出这样一些特点。

(1) 物质的层次性。物质由其他物质组成,这"其他物质"属于组成这个物质的"素材"或"要素",素材与素材们结成的物质是两个不同的层次,不同层次的物质是不同的。

(2) 素材互相之间属于差别者。

(3) 差别者之间具有特定的差别形式。

(4) 决定物质的性质的因素有两个条件,一是差别者,二是差别形式。

晨晨:

通常万物可以分解为元素周期表中的一百多种元素,好在种类并不是很多,这就是你所说的"差别者",至于这些元素之间的组成方式,你称为"差别形式"。差别者以一定的差别形式组成了一个个特定的物质,不过还要有能够使这些差别者集结在一起的外在条件。是吧?

晴晴：

佛家说："缘汇则生，缘离则灭。"这个缘应该有三种成分，首先是"缘者"，就是你说的"差别者"，几个缘者之间要有"缘"，要有结合在一起的自身的内在的条件；之后，要有促使"有缘者"就是你说的有使具备结合内在资质的"差别者"们汇聚在一起的外在条件，你称为"势态"；作为结果的缘，就是这些有缘者以一定的相互关系方式形成一个相对稳定的实体。当这些条件不在时，这个相对稳定的实体也就灭失了，不再存在了。

是吧？

相公/大木桶/修理的：

嗯，果然是两个小棉袄啊！

下面要做的游戏是，对物质这个常识中的概念进行再次检讨。

晴晴：

老木箱里还能翻出一块新饼干？

相公/大木桶/修理的：

哦，记得你读初一时候的一篇自命题作文就叫《老木箱里的新故事》，不妨翻翻看嘛。

如凝聚态物理学所描述的那样，我们相信，大爆炸之后，一簇维度格外展开，不断展开，在这种膨胀中，宇宙不断冷却，冷却过程中元子的不均匀分布更加凸显，极端的不均衡中，有些元子凝结成不同层次的粒子和粒子之间的作用分布——场。

可以把"物质"定义为粒子和场这类差别者及其组合体，表述为：物质是粒子和场之类差别者以特定差别形式组成的对立统一体。

晴晴：

这与传统的"物质"定义有啥不同？

相公/大木桶/修理的：

截至 2023 年，网络对"物质"的定义常有两个切入点：

其一，物质（matter）为构成宇宙间一切物体的实物和场。世界上所有的实体都是物质，人体本身也是物质。除这些实物之外，光、电磁场等也是物质，它们是以场的形式出现的物质。

其二，物质，意指在人类的意识之外，独立存在又能为人的意识所反映的客观实在。

虽然前后有些冲突，毕竟承认了物质之外还有别的。

不像有些哲学家说得那么激进，连我们的思想也是物质，至少也是一种物质形态，都属于物质概念的集合……更极端的观点，甚至认为物质概念就是全集，是最大的唯一的集合，直接等同于实在，这世界除了物质什么也没有。

相比之下，我们这里关于"物质"的定义范围要小很多，是一个很有限的定义域。

物质首先是一种差别者，属于某些差别者的充分积累形式；由于物质的组合性和层次性，物质属于差别者与差别形式的对立统一体。

晨晨：

注意到了，除了物质之外，还有物质之间的规则。物质只是一种差别者和差别形式的对立统一体，只是一种，不是唯一。那么，这个层面上的一般规则是什么样子的？

相公/大木桶/修理的：

之前，我们已经把差别者与差别形式的关系作为这个世界的起点状态，也就是把这个状态作为我们这个世界的最基本规则或洪范。而这个基本状态可以分析为三种差别者，分别是差别、差别者、这两者之间的关系，或者说，有这三种基本的差别形式。这时，差别和差别形式这两个范畴刚刚开始分化，两者之间的差别也才刚刚出现，才刚刚形成三种不同的东西。由于差别，这三种东西不会是均衡的，发展中如果形成积累，这种积累必将是不平衡的，至少出现几种更突出的走向。

差别者的更突出积累会形成物质，差别的更突出积累会形成元间。虽然这两种积累者依然还是差别和差别者的对立统一，但是将越来越倾向于更突出地表现一个方面的特征。

随着粒子、场的出现，生成了一类新的差别者，我们把这种新的差别者称为"物质"。相随的是，与之相应的新的差别形式也突然丰富起来，新的差别形式不断涌现出来，新出现的差别者相互又再次构成差别关系，成为对方的差别者，于是差别者进入了爆炸式的发展期，世界在一瞬间丰富了起来。

看看，我们总算找到了一种新的方法，不再需要用物质定义物质或者用存在定义物质，而是用物质的来源、构造特征和属性来描述它。

晴晴/晨晨：

嗯……也许吧……

物质与元间的世界

相公/大木桶/修理的：

物质成了这个阶段的世界最显眼最突出的特征，以至于这两千年来，人们把自己的世界理解为一个物质的世界，甚至是唯有物质的世界。现在我们需要重新理解这个问题，把世界理解为"物质与元间的世界"。

不过，这也是一个权宜、局部的表述，还算不上是一个全面系统和准确的定义。因为"物质"的生成晚于其他差别者，只是所有差别者中的一部分，还有很多差别者不是物质。而且，"物质与元间的世界"只是"差别者与差别"或"差别与差别形式"世界的一个子集。

例如，不同程度积累的物质都表现出不同程度的"波粒二象性"越是基本的"颗粒"，这种倾向越突出，可以把"波"理解为差别形式或元间，把"粒"理解为物质，说明基本粒子还是差别性和差别者性没有充分分化的状态。

仅仅是由于我们认识能力的限制物质性表现特别突出，而且其他差别者大多是元间性的，姑且粗略地称作物质与元间的世界，勉强说得过去，误差不是很大。

晴晴：

请问，你说的不属于物质的差别者都有哪些？

相公/修理的/大木桶：

就是时间、空间、能量、速度、波、场、相互作用力等啦。

晴晴：

物质与元间的世界，这个是个规则吗？它的哲学意义是什么？

相公/修理的/大木桶：

在某个定义域里，特别是可以把现实生活中的世界描述成物质与元间的世界里，很多事物都可以被分析为物质与元间的对立统一体。

如前所述，任何物质都是结构的，任何结构都是物质的，离开了物质素材的纯粹结构和离开了结构的纯粹物质都不存在。所谓结构又有很多的表现形式，比如模式、形式、样态、模型、规范、概念、范畴、思想、情感、精神状态等，一言以蔽之，都是元间的一种。所以，又可以说，任何的元间都是物质的，任何的物质都是元间的，某种程度上可说这是一个更普遍的现象和规则。

这条规则的哲学意义在于，超越了唯这个唯那个的种种极端一元论，强调了基本范畴的不可分割性，可作为一种解释性更强、更贴切、更合乎实际的本体论模型。

这种模型并不是什么亘古未有的新东西，可以追溯到《周易》，追溯到亚里士多德，追溯到孔子、老子。近代哲学家熊十力、金岳霖、邬焜等人也有类似的学说。这些努力都是在不同的语境下使用不同的术语对辩证本体论的逻辑化表达。

但是，质料与形式的对立统一只能表述世界的一部分，作为全集的本体论是不够的。

这个模型的边界在于，有些差别者不是物质，元间本身也能作为要素组成另一层次的元间。

夕阳西下，一抹辉煌的晚霞向天边伸展而去，一个愉快的假日落幕了。

寻找形而上的勘探小分队

一个星期五的下午,刚放下书包的小女儿气鼓鼓走过来,叛逆期的小女孩大概都是这样一副神情。

晨晨:

修理的,打扰一下!下周的作文怎么写呀?

修理的:

什么题目呀?

晨晨:

"朝霞"。我只见过晚霞,不知道朝霞长啥样儿。

修理的:

这好办,去查一下明天的日出时间,还有天气预报。早点睡,明早提前一个半小时起床。双休日早上不塞车,我们去大梅沙,看朝霞。

晨晨:

您怎么就知道明早通往大梅沙的道路不塞车?您凭什么就根据今天的天气预报判定明早在大梅沙海滩一准儿能看到日出?您又怎么知道明天的太阳必定可以如约而至,地球轨道不会出意外?

修理的:

乖乖,这是来抬杠的呀!

晨晨:

嘻嘻,逗您玩的。

我一直想不通,所谓规律,是一种可预言未来的规则,自然界真的有规律吗?这些规律都藏在什么地方?这就是大家常说的形而上吗?这就是所谓哲学的终极问题？

离我们那么遥远，又这么近。

似乎透着点儿依稀的光亮，却总是朦朦胧胧。您是不是能提供一点点什么线索？

修理的：

哎哟喂！吓我一跳，自从"好哇好哇旅行团"之后，这几年你抬杠的力度都没这么大过……

（孩子们陆续进入叛逆期，为了矫正她们爱说反话儿的习惯，几家人一起组团出游，这个团体命名为"好哇好哇旅行团"。团体规则是，任何时候，任何人之间，开口讲话的第一句必须是"好哇好哇"，说错了要受罚，要重新开始说，出错最少的有奖品。那自然是妙趣横生，旅行出了不少笑话。一星期下来，孩子们"火药味"少了很多，对养成好的交谈习惯算是补了一课。）

我觉得可以参考的思路是：至少我们建立了差别和差别者模型，可以在"物质与元间"这个框架里来讨论形而上。可以假定形而上、洪范、自然规律都是以物质要素作为载体，具体存在的元间实体……

晨晨：

难道元间就只能永远和物质搅和纠缠在一起，就没有自己独立出来的可能吗？不独立于物质，就都是具体的，不是本质的，就算不上形而上吧？

那天我们讨论过，有两类差别者，物质仅是其中一种，元间要素自己也是一类差别者啊，至少元间要素自己也能成为差别者。

一旦元间要素脱离对物质要素的依存，就有可能出现以元间为差别者，以另一层次的元间为差别形式的新的对立统一，获得真正的元间实体，那么，我们是不是就会得到独立的元间世界，就会看到真的形而上的世界了……

修理的：

这个想法也太大胆点儿了，不过也算有几分道理，你就是想在"物质与元间的世界"这个框架里找到例外，找到这条原则失效的地方？

通往形而上世界的是一条进来容易出去难的"盘陀路"，人们已经在里面徘徊转悠了太久太久。

晨晨：

那有什么办法呢？能猜一猜也好啊……

猜想又不用花钱，也不要办护照，就算做做脑力体操吧。

修理的：

好哇好哇。

如果你坚信这世界是一部发展演化的历史，那么物质与元间这个对象就是一个历史现象，就有启始和终结这样两个端点，就有两个可能的寻找方向：一是物质与元间世界的起源位置；二是物质与元间世界充分发展超出端点的阶段。第一个位置，我们已经有过一些讨论了，虽没有深究，毕竟就是从那边走过来的。剩下这第二种，也可以去探探看，这样就有机会把整个定义域都搜索一遍，敢不敢？

晨晨：

好哇好哇！

（叮咚！网络来电铃声响起，晴晴上线了。）

晴晴：

嗨，大木桶！妹妹！我刚下课。你们这是要去哪儿？

晨晨：

姐姐好！

来得正巧，我们要组成一个小分队，去探秘"形而上"世界……

晴晴：

好哇好哇！

好刺激哟，打虎亲姐妹！一起呗！

定义域和出发点

大木桶/修理的：

我们出发！

先要确定一下我们要探秘的定义域和出发点。

全尺寸的定义域是，从宇宙，准确地说是我们所居住着的这个宇宙甚至与我们的宇宙相干的其他宇宙诞生起，到今天为止的全部历史和领域。假如我们坚信形而上不是世界之外的东西，就只能在这个时空区域里寻找，所以，这个定义域也是形而上的定义域，这是我们划定的勘探范围。

三个勘探区划分

大木桶/修理的：

具体勘探区可依人的认识能力产生为标志，划分为三个片区：一号勘探区，还没有人的时代；二号勘探区，有人的时代；三号勘探区，有人、有文化、有机器的领域和时代。

今天的立足点就设定在一号勘探区和二号勘探区的边界线上，站在二号勘探区回过头来反观一号勘探区，用我们现在的信息获取能力和理解能力，去认识那个曾经没有人的纯自然世界，看看那里都有些什么，有没有形而上或者自然规律这样的东西，这些东西以怎样的方式存在，怎样影响着这个世界。

从这里开始，可以吗？

晴晴/晨晨：

好哇好哇！

一号勘探区

一号勘探区独特的研究方法

大木桶/修理的：

小小勘探队的任务是探明脚下这片土地的结构、历史，有没有我们感兴趣的宝藏。不仅如此，更重要的是，我们想通过勘探，探索形成这些结构和宝藏的原因与规律，相信这个规则会对寻找更多的矿藏有启发意义，这个规则就是所谓形而上的东西。

有两个应该遵守的约定：

（1）获得对象信息的唯一途径是：与之发生相互作用。因为只有在改变对方的同时被对方改变，才能获得对方的元间。

（2）要想获得对方准确、原版、不失真的信息，唯一条件是：在相互作用中不改变对方，不干扰对方，维护对方的本征状态，同时作为接收方，不掺杂自己原有的任何状态和信息，不掺杂和对方相互作用过程中新产生出来的东西。

晴晴：

好哇好哇！

不过，你这两个约定相互冲突啦！照此说来，在第一个片区的勘探中，根本就不可能真的拿到对象完整的原本的本征状态的原版元间。这也许就是所谓"物自体"存在的原因吧？

大木桶/修理的：

试试看吧！

晨晨：

钻机安在哪里？

修理的/大木桶：

就从自己脚下开钻吧。每一寸土地都是一号勘探区和二号勘探区的分界线，下面都应该是极少人去过的地方。除非探到了旧矿洞、古墓，好在这些人造物也不会埋藏很深。

早在 1835 年，四川自贡的三个农民，在没有电，没有现代机械的条件下，居然打了一口孔径 0.1 米、深度 1000 米的采盐井，为当时世界之最。我小时候也见过以竹绳缠绕在一个巨大转轮之上，绳端栓一个重锤，几个大汉在转轮中来回走动，靠体重驱动重锤反复上下运动，用冲击法钻井的场面。也就几十年，这次我们选用的是一台思想力驱动的虚拟钻机，也先进太多了吧……

一开始，经费少，能力有限，只能每隔几千米打一个探孔，也只能打个几百米深。取出岩芯，获得每个深度的岩石样本，之后，以这些样品为依据，推断周边这一大片区域的地层构造大概都是同样的分布吧。实际上就是把对这几个取样点的数据分析假设为"规则"，用这个假说预言这个片区的实际状态。

晴晴：

凭什么做出这样的推断？

大木桶/修理的：

凭康德说的那种"先天分析和综合判断能力"呀。

晴晴：

靠谱吗？

大木桶/修理的：

我们早期所理解的自然规律都是在对第一勘探区取样不很充足的背景下产生的，所以，由此形成很多理论体系只在很局限的范围里具有合理性。随着钻探取样点越来越多、越来越密集，越钻越深，得到的信息就越来越详尽，只好不断根据新的发现修正和淘汰原来宣布的那些理论，至少有能力把不同的实验结果分成不同的"类"，用归类的方法来推断更多没有实际钻孔取样位置的内容和性质。康德不是说"人为自然界立法"吗？其实人颁布的规则与事实之间总是有差距的。

晨晨：

那就把每一寸土地都钻探一遍。

大木桶/修理的：

只怕是不行，因为这会违背上面的第二禁忌，就像为了检验极限强度，必须摔碎每一只杯子。还是抽检好一些，靠推理能力把从一个地方取得的结构模式或者一个类强加到更多的其他地方，默认这是一个规则。

所有决策都建立在预测的基础之上，就像很多成功经历一样，大部分的错误也都来源于这种事先的默认和假定。

假定形而上对象本身也是一种特殊的、极限状态的元间实体。

获得元间的直接方法是相互作用，但是相互作用只能发生在物质实体之间，因此，相互作用的方法只能得到具体物质的具体结构，不可能得到普遍的、抽象的、形而上的规律性元间实体。用钻机打十万年，也发现不了抽象的形而上对象。实际上，我们的望远镜和加速器已经可以观察远至几十亿上百亿光年以外，可以抵近夸克尺度的图景，但是所观察到的通通都是具体的物质以及这些物质的存在方式，并没有任何抽象的内容，遑论上帝和警幻仙子的身影。只有用一些人为的抽象方法，从获取的岩芯样品中抽象、归纳出一大堆模型性质的元间。

如果有规律性的洪范，那也只是一些强制其他物质的势态，是物质势态规定了物质，物质势态就是物质的元间。在第一勘探区，所有的物质都是元间的，所有元间不仅都是物质的，而且都是具体的。

我们所发现的属于对象世界的自然规律，都是这样一些具有更大更强影响力的物质势态，是被更多物质所共同拥有的特征。物质势态本身就是"范"，影响巨大的势态就是"洪范"。最大的洪范是"差别和差别者的对立统一"。

晴晴：

这就是说：

（1）自然界有规律存在，但是这种规律是具体的物质与元间的对立统一体，并没有任何的抽象的、脱离具体物质载体的纯粹自然规律。由于这种具体性，以及物质与元间的不可分割性，使人们相信，这个世界并不存在纯粹的形而上实体，就像不存在不依赖物质实体而单独存在的纯粹的元间实体一样。

（2）由于除了最初始的势态之外，所有的势态都是演变的，于是作为物质势态的自然规律也是不断演变的，不存在固有的永恒不变的自然规律。

晨晨：

可惜！打了这么多的冤枉探井，看来一号勘探区真没有形而上的东西啦，这趟探险要空手而回了。本来嘛，形而上藏在物质的背后，就是无形的，钻机怎么可能找得到？缘木求鱼呀！

晴晴：

妹妹，别泄气呀！附耳过来，与你说个悄悄话。

…………

晨晨：

哦！我知道了，还没仔细分析钻探获取的岩芯呢。里面会有微生物，或许还有动植物化石呢，比如煤、石油……或许……好，先聊别的吧！

拒斥形而上

晨晨：

康德、黑格尔之后，欧洲哲学界兴起了一股拒斥形而上的浪潮，理由是：不可能发现纯粹的逻辑体系，规则都是具体的，都直接由物质势态表达和体现，纯粹规则仅仅是一种可能性，只是一种"承诺"。人们对形而上逐渐失去了兴趣，探索自然规律的工作都移交给了科学家，哲学领域中几乎已经没有形而上学专家"吃闲饭"的地方了。

晴晴：

也不尽然，听说现在又有回潮。

难道规律都是具体的吗？都是人造的吗？π 也是人造的吗？π 是具体的物质吗？无限不循环小数用什么物质能承载呢？离开了形而上假说，很多问题怕是不好处理啊？

大木桶/修理的：

好吧，本次探险就此结束，下周同一时间继续。明天还要早起去海边看朝霞呢。

"A = A"的困境

晨晨：

修理的，在线吗？

修理的：

在的，有事吗？还不到周末啊。

晨晨：

有个要紧问题和你讨论。

这世界上有唯一的东西吗？

修理的：

当然有，你就是唯一的啊，难道世界上还有第二个你不成？

晨晨：

你又想说，世界上没有两片叶子是完全一样的，每一片叶子都是独一无二的，是吧？可是，假如这个规则是一个普遍原理，就像你企图把差别作为这个世界的基本原理一样，那么同一律不就是假的了？世界上只有唯一的东西，那么，这世界上有完全一样的东西吗？同一律还能是一条有意义的规则吗？

修理的:

哦,我知道了,你是不是在上"逻辑学"这门课?你是问"矛盾律"和"同一律"的关系,它们各自是不是客观规律?

晨晨:

嗯嗯,是这个意思。

修理的:

这还是个古老的问题呢,纠缠了好几个世纪,至今没有得到妥善解决。

例如"A≠B",这个好理解;"A = A"就有问题了,自己等于自己,同义反复啦。怎样摆脱这个逻辑旋涡,古往今来,很多哲学家都做过努力,没有迹象表明他们是成功的。也许用物质与元间的模型会有助于解决这个问题。

晨晨:

何以见得?

物质唯一性假说

修理的:

这里要提出一个"物质唯一性假说"。

尽管每一个元子在其没有展开的维度里依然相互密切关联,甚至无法区分,以至于相互等同,但是,在展开了的那一簇维度里,相互是绝对区别的,每一个元子都是唯一的,也许这是大爆炸造成的福利。元子成了一种差别者,当这些差别者高度积累之后,其中的一种就是我们常识中的物质。

因此,可以假定:由此而形成的物质都是绝对区别的,物质相互之间互不等同,每一件物质都是唯一的。

根据"一为无量,无量为一"的模型,理想的元子属于纯粹差别和纯粹差别者的直接同一,如果它们是可区分的,那也是处在无限维的普遍联系之中。由于某种不明的原因，残存了无法消除的最后差别，迫使某些维度以大爆炸的方式将这些残存差别在一小簇维度中重新具体化，因此，差别和差别者都脱离了纯粹状态，变成具体的差别与差别者，逐步分化为差别和差别者各自分别的积累，生成差别与差别者的对立统一体。这种对立统一关系是不均匀的，也就是说，一个积累者的差别性和差别者性两者是不对称的，对立统一关系是不对称的，每一个维度的展开都有相对程度上的差别。这种不对称性高度积累，就会生成偏重于差别性的对立统一体和更偏重于差别者性的对立统一体，例如生成物质、能量、时间、空间、力、相互作用、状态、结构等。

"物质"就是其中的一种高度积累了的差别与差别者的对立统一体，特别是一种差别者性被高度积累了的对立统一体，因此而形成的物质相互之间是绝对区别的，物质之间互不等同，每一件物质都是唯一的。我们把这称为"物质唯一性假说"。

晨晨：

既然如此，为什么会有那么多相同的物质出现呢？

修理的：

物质之所以相同或相似，是因为构成这些相同物质的素材具有形式上的一致性，以及这些素材之间的关系形式也是高度一致的。换言之，这些相同物质所具有的某些元间是同一的。

造成不同物质具有相同元间的原因是相同的势态强制把这些相同的素材塑造成特定的相同的元间形式。但是，仅就构成相同物质的素材来说，素材与素材之间是绝对区别的，因此，物质与物质之间也就是绝对区别的，每一个物质都是唯一的。

就好像一台冲床，把一整卷镍合金钢带冲压成了一堆亮闪闪的硬币，每一枚硬币从物质素材看都是唯一的，相互不同的，但样式一模一样。

如果用"A = A"这个式子去描述具体的物质对象，这里就会含有相同和不相同双重含义。一层是从物质要素角度看是绝对不等同的，另一层是从元间形式角度看是同一的。

单纯从物质角度说"A = A"，是个同义反复的逻辑错误，单纯从元间角度说"A = A",也是同义反复。只有从物质与元间对立统一的角度看,才会是正确的,它的意义是,处于两个不同物质载体之中的元间是同一个元间。就是说,两枚硬币的样式是同一的,材料的性质是同一的,但是两块材料本身却是区别的。两个不同的载体中携带了同一个、完全一样的元间,或者说是同一个元间被放在两个不同载体里了。

公理:

$A \neq B$,

如果:

A 中有个元间是 a,B 中有个元间是也 a。

那么:

A 中之 a 与 B 中之 a 是同一个 a。

所以:

$a = a$ 成立。

晨晨:

物质都是唯一的,是绝对区别的。只有达到极限之后的纯粹元间要素相互之间才可能同一,互相间才可能有全等号。只有当不同的物质要素持有了同一个元间形式,才会出现相同的物质,物质样式就会重复。

如果这样,依刚才的"物质唯一性假说"和"物质是元间的,元间是物质的"这两条设定来判断,形式逻辑中的同一律,"A = A"的关系,根本上说就不可能是一个物理事实,就不符合实际?全等关系只能间接地存在于具体的物质实体中,本身不能单独存在?

修理的:

有这个问题!

这也不是什么新发现,人们很早以前就知道这个冲突,可惜没有一个清晰的表述。

对于吃哲学饭的人来说,"A = A"可是个"要命"的东西,这是每一个哲学体系大厦的"基础"。不过,先哲们对于这个基础的处理,意见并不统一。

例如,德国古典哲学家费希特、谢林、黑格尔之间的观点差异有过一次旷日持久的争论，他们有一个共同的出发点，都试图用"A = A"的绝对同一性作为体系建基的首要原则，但是，他们在"同一性"的对立概念——也就是"差异"概念上——分道扬镳，分成两条进路，费希特与谢林之争涉及质料性差异，谢林与黑格尔之争则是结构性差异。

　　从我们的阶段性勘探中可知，"绝对同一性"还不是一个自然事实，至少在宏观世界中还不是一个物理事实，只建立在非自然基础之上的人为抽象体系中。对象世界的真实状态是物质与元间的对立统一，如果只强调绝对同一，那就永远也无法与自然彻底契合，总是别扭的。另外，他们讨论的"差异"这个范畴，分别是质料性的差异和结构性的差异，抽象程度明显不足，定义域都是有限的、局部的，都不具有足够的一般性，都会有很多对象落在定义域之外，这个体系不可能是完整的、全面的，就只能像几个摸象的盲人一样，自说自话了。

　　如果有兴趣，有空你可以查阅一下《德国哲学》杂志 2019 年上半年版，王丁翻译菲利普·施瓦布（Philipp Schwab）的《A = A——论费希特、谢林、黑格尔的同一性逻辑体系建基》。

　　至于前面说"A = A"的关系，是不是一个物理事实，也不能着急下结论，这个问题也正是勘探小分队的任务之一。

　　想要确信自然规律属于大自然本身，就应当能够在自然界找到它，它就应该是一个物理事实。"A = A"的物理事实一时没找到，或许它是世界发展到一定阶段才出现的阶段性的现象，并没有贯穿整个发展史，它也许只出现在某个阶段某个片区，我们去找找看。

元间的革命

又一个星期五下午,勘探小分队再次集结。

修理的/大木桶:

我们还是去第一勘探区。这次不再用钻井机了,换个望远镜试试。望远镜指向月球,据说1969年就有人登上了月球,好在他们也没走多远,大部分地方依然没有人去过。

元间转移

晨晨:

我看过,从望远镜中看到最多的景象是大大小小的环形山。

大木桶/修理的:

这些环形山是怎么形成的呢?

晴晴:

谁都知道。

大部分环形山是小行星和陨石撞击的结果,这有什么特别的吗?难道这里会有什么哲学意义吗?

大木桶/修理的:

在小行星撞击之前,这块月壤应该是另外一番景象,用我们的术语讲,是作为一个物质与元间的对立统一体,这块土地有自己的初始状态,初始的元间,本征的元间。可是,一旦被撞击之后,原有的本征元间被破坏了,生成与这颗陨石相互作用的结果——另外一个新的样式。无可置疑的是，这个新样式里含有这块土地的初始元间、入侵者的元间以及双方相互作用生成的新元间这三部分内容。仅就入侵者的元间这部分来说，实际上是这颗陨石以牺牲自己为代价，把自己原有的元间印在了月球上，虽然发生了改变，毕竟还是把自己的部分元间转移到了月球表面的这块土地上。

可以说，这是一个新出现的物理现象，当然，也只能是天体演化发展到一定阶段才会出现的物理现象。可以把这种现象称为"元间转移"。

这类通过碰撞实现的元间转移还很初级、很不完整，因为在撞击过程中，双方的物质和元间都未能完整地保存下来，只留下了一些残迹。不过，环形山的形状大小实际上与小行星、陨石的形状和大小有直接关系，月球用改变自己元间的方式记忆了这些小行星和陨石的部分元间，也就是把小行星或陨石的这部分元间转移到了自己身上。

敲一下黑板！

注意这个关键词："元间转移"。

当植物和动物出现之后，元间转移开始变得更加精致完美了。比如一块恐龙脚印化石上实现的元间转移就很清晰，恐龙走过一片泥地后，足迹留在平坦的地上，把自己的元间转移到土地上。与陨石所不同的是，实现这一次元间转移之后，恐龙的大脚丫居然保持完好无损，还可以走很远很长的路，不断重复这个过程，把自己大脚丫的元间转移复制在更多的土地上。

元间转移是通过物质之间的相互作用来实现的。元间转移是势态赋予势态中物质以新元间的一种方式。

从这些司空见惯的现象中你能抽象出些什么？

元间转移的进化

晨晨：

看似平常，细想一下，还是很神奇。

（1）元间转移现象的出现和完善是一个历史进程，每个阶段不一样。

（2）元间转移超越了具体物质载体的限制，元间不再必定依附于某个特定的物质载体，元间可以实现从一件物质到另一件物质，从一种物质到另一种物质的转移。

（3）元间转移超越了时间的限制，同一个元间可以处在不同的时间里。

（4）元间转移超越了空间的限制，同一个元间可以处在不同的空间里。

物质与元间对立统一的关系有了新的发展，出现了新的形式。

晴晴：

在坚持"物质的元间和元间的物质"这个原则下，同一个元间可在不同物质载体之间转移。元间不仅跨越了物质的唯一性，还跨越了物质性质的不同，跨越了时间和空间，不一样的物质、不同势态中的物质可以拥有相同的元间。

大木桶/修理的：

是的。

尽管这是一种"失真率"很高的元间转移，但是毕竟冲破了元间与唯一物质载体必然联系在一起的禁忌，元间可以在不同物质甚至不同物种之间实现转移。

元间不仅在不同的物质之间实现了转移，重要的是，元间转移跨越了时间和空间的限制，这可是一件开天辟地的大事件啊。

晨晨：

还有更完美的元间转移术吗？

晴晴：

我来说！

更好一些的元间转移，应该是 RNA、DNA 的复制，可以精确到每一个分子，不是吗？上次勘探拿回来的岩芯样本里会有的。

大木桶/修理的：

是的！

生命物质的出现是元间发展史上最为辉煌的一页。

生命！

生命物质把周围的物质和元间作为素材，把这些素材改造、组装成一个特定元间样式，组装成和自己一模一样的新的物质实体，实现了自己复制自己，自己制造自己。

生命的一个突出特点是用大量复制或繁殖的方式维护和抗拒物质与元间的不持久性，用不断更换刷新物质载体的方式延续一个元间实体的持久性。

这样说，似乎一开始生命就是有目的性的，其实，反过来说也一样：能够有目的地、主动地用不断更换物质载体的方式维持自己的元间实体，才能超越特定物质的局限性，超越时间和空间的变动，才能更长久更稳定地存在和延续。

遗传与变异

晴晴：

生命繁殖恐怕还算不上是最完美的元间转移，也不能真的达到完全精准的绝对的元间复制。也正是因为生命复制的不完美，才出现了变异，才会有生物进化。

大木桶/修理的：

初衷是维持自己，保持不变，但环境在变，那就只好跟着环境变，适应环境，也不是什么目的性，只是因为不适应环境的物种都已经消失了。于是，生命的元间都在跟随环境变化而不断发育进化。短时间看，复制相对精准，长时间看，很多变异不断积累，只有适应环境的变化者才能生存下来，这就是所谓遗传与变异。看起来都是在用不断变化的方式达到保持不变的目的。这好像也是一个悖论。

整体上看，生命跟随环境的改变，也就是生命复制了环境的元间，环境将自己的元间复制在了生命体之上；同时生命也将自己的元间复制在了环境中，双方相互改变，共同发展。

这就是良知、良能、天理自在人心、天人合一、先天综合判断能力甚至阿赖耶识的来源。

晨晨：

还有没有更精准的元间转移？

大木桶/修理的：

因为元间转移过程都是物质相互作用的过程，相互作用就必然造成相互改变，改变就会伤及附着其上的元间本征性。转移中的元间跟随转移过程在变化，就会受到各种影响，条件变化就会造成畸变发生。RNA、DNA之类的物质，已经竭尽全力防范了转移失真现象的出现，但依然不是最理想的，因为，这种元间转移依然还是与物质转移绑定在一起。

直到生命物质进化出了感觉器官和记忆器官，更精致的元间转移才成为可能。

"自我"的萌芽

晨晨：

你刚才说到 RNA、DNA 之类的物质，它们的出现也是个历史过程，应该还是个里程碑式的重大事件，咋就轻轻带过了？

大木桶/修理的：

哈哈，看来蒙混不过去了，这的确是个开天辟地的大事件。

自古以来，人们就一直猜想有这样一种记忆载体，直到 20 世纪 60 年代沃森（James Dewey Watson）和克里克（Francis Harry Compton Crick）发现了核糖核酸和脱氧核糖核酸结构才真相大白。

不知你们刚才注意到了没有，元间转移过程都发生在相互作用的接触面上。两个物质，正在接触之时，两者几乎就是同一个物体，两者分离之后，两者的元间就会出现互补性内容，甚至是对称的，或者说具有对称和互补特征的，换言之，元间转移是通过互补来实现的。比如亚里士多德所说的"印章"的例子，印章离开纸之后，印章上的印模图形与纸面上的印记是互补的、对称的。

虽然核糖核酸和脱氧核糖核酸方式的元间转移还是必然伴随物质迁移的元间转移，还不是最理想的，但是仅就保持元间稳定和准确来说已经是登峰造极了。如果说，一段双链脱氧核糖核酸物质是一个整体，是一个单位，它用对方来记忆和保持自己的方式是，把自己分为两部分，完全对称和互补的两部分，用一方记忆另一方，相互印证，相互记忆，相互矫正。如果把这段 DNA 说成一个整体，一个"自我"，那么这个自我是由相互对称的两部分以互补的方式构成的。

生命物质的出现不仅仅标志了新的元间转移形式的生成，更是宣告了"自我"的初现。自我从此萌芽，由此而逐渐发展成具有自我意识能力的成熟的自我，这是后话。

传感器和感觉器官

晴晴：

元间转移通过相互作用才能实现，同时，元间转移的失真也是因为相互作用造成的，怎样才能既实现元间转移又不产生失真呢？

大木桶/修理的：

途径很简单，就是尽量减少相互作用的力度或强度，通过最少能量与物质的消耗和变动，通过间接的相互作用来实现元间转移。

例如，看到一朵花，眼睛并没有和这朵花发生直接的相互作用，也没有对花儿有明显的改变，是通过周围光线的间接相互作用实现了把花儿的元间转移到了视网膜上。光线从花儿上反射到视网膜的过程中，固然相互作用会对双方都发生改变，但这种改变已经减少到了极限，大自然就根据这个办法进化出"传感器"，或者叫作"感觉器官"。

传感器的出现是元间转移的重大进展。

元间转移必然伴随物质的转移交换过程，但是参与元间转移过程的物质"量"被急剧减少，相互作用的"强度"下降到了极限。换言之，虽然元间转移不能最终脱离物质交换过程，但是，通过传感器，可以把对物质以及物质作用的依赖减至最少。

除了对观察对象的干扰、改变最少之外，传感器的另一个优点是还能反复使用。

它的缺点是，每一种传感器只能感知一小部分元间，相对于那些它感知不到的元间来说，当然就是一种极限程度的失真了。其实，即便是把所有种类的传感器都加在一起，也还是不能把所有的元间都感知到，我们获得的元间总是不足的、失真的。也就是说，我们对世界的直观了解总是不充分的，甚至是严重简化和变形的。就像正常人虽都自称不是色盲患者，可是，对于全光谱来说，谁又不是色盲呢？相互作用过程，都会有很多因素加入。比如观察花朵时要借助光，感觉器官获得的元间实际上是三方或多方作用的结果，并不仅是对象自己的本来元间，严格说，都是错觉。

晴晴：

这些我们早就知道了，传感器还有哪些局限性？

大木桶/修理的：

所有传感器获得的信号都在跟随观察对象的变化而变化，获得的元间也都是变化的、不稳定的，取得的元间很快就会被新元间覆盖，原先的元间立刻会被忘掉了。

晨晨：

记忆！

对了，只要把取得的元间都记录和保存下来就好！

环形山能记忆陨石的性状，沙滩能记忆脚印的元间，用什么方法记忆传感器获取到的元间呢？

大木桶/修理的：

对呀！

只要把变化中的元间记忆下来，不要让它跟随环境继续变化就可以了。陨石环形山是一种记忆，记忆了陨星撞击时的情形，不过这种方式，双方都发生了巨大改变，不方便记忆快速连续变化的情景。

发达生命体进化出来专门的记忆器官，可以把感觉器官发现的元间尽可能地存储起来。

晴晴：

这也没啥神秘的，我现在做的课题就是神经元的记忆机理研究。

大木桶/修理的：

那太好了。

从晶状体到视网膜，再到视神经丛，再到脑神经，视觉信号都发生了哪些变化呢？

晴晴：

晶状体就是一个透镜，把看到的图景投影在视网膜上，视神经将一个个像素的光强度转变成神经信号，通过视神经丛送到脑神经系统。

大木桶/修理的：

从你说的元间传递过程中可以发现一个根本性的变化。

所看到的图景被晶状体调整大小和位置之后投影到视网膜上，视网膜接收到的是一幅完整的光学图像，这和发生在陨石坑的元间转移并无本质区别，只不过所涉及的物质和能量极少，分辨率极高，直接相互作用变成了间接相互作用而已。

但是，实质性的进展在接下来的这一步：从视网膜到脑神经系统传递的就不再是一幅完整的光学图像了，而是串行+并行的液/电信号传输，信号的排列不再与原来图像的像素一一对应，而是被编码、压缩、解压、重建等一整套计算操作处理后的"文件"。

例如，一个苹果，就它本身来说，是具体的物质与元间的对立统一体，它的元间以具体、特定的物质方式表现着、实现着和存在着。如果一个人看到了它，这个苹果的部分元间就会以一幅光学图像的方式存在于这个人的视网膜上；而当这个元间进入这个人的脑神经系统，这个苹果的元间就不能再继续以完整的图像形式保存了，而是变成脑神经信号，以一种编码的抽象的方式存在。

元间被抽象了

晨晨：

好哇好哇。

请停一下！好像越界勘探啦！说好了只勘探无人区的呀！

还是先把这里小结一下吧。

至此，元间转移方式经历了这样几个发展阶段：

（1）通过直接的相互作用途径，元间脱离了对特定、唯一物质载体的依赖，在不同的物质载体之间实现了粗略的转移。

（2）生命物质的出现，使元间可以通过复制、遗传的途径实现较为精确的转移。

（3）感觉器官的出现，使元间可以通过对相互作用依赖最少的间接途径实现转移，极大地提高了元间转移的准确程度。

到此为止，元间转移范式的进步都还是针对物质载体的，元间在物质与元间对立统一关系中表现出更加明显的独立性，更少地依赖于物质载体，元间转移更少改变对象，也更少改变自己，获得了更大限度的保真性。

（4）接下来的这一次进步，应该是元间发育史上最具革命性的大事件。与以往不同，这次元间革命是针对元间自己的，是针对元间本身的。同一个元间不再局限于原版形式不加改变地保存，而是被变化成几乎纯粹的符号形式，变成一种间接的抽象的存在形式。元间实现了抽象化，变成了抽象的保存和记忆形式。

这一切都是大自然在长期进化中自己实现的啊！太神奇了！

晴晴、修理的：

点赞！

大木桶/修理的：

当心！

这一次我要尽情地敲黑板啦！而且，重要的事儿说三遍！

元间转移和元间抽象是世界发展到一定程度之后才出现的历史现象；元间转移和元间抽象意味着同一个元间可以跨越时间、空间、不同物体的界限，在不同的物质之间传播和记忆，不同的物体可以拥有相同的元间。不仅如此，元间居然脱离了直接的形式，被转变成间接性的符号和编码的抽象形式。这不仅是物理世界的进步，更是逻辑发展史上开天辟地的进步，是宇宙发展史、元间发展史上里程碑式的两个大事件：

"$A = A$"宣告诞生了！哒！……

抽象形式的元间宣告诞生了！哒！哒！……

形式逻辑的物理基础也诞生了！哒！哒！哒！……

晴晴、晨晨：

好哇好哇！

幸运的世界，可怜的黑板……嘻嘻！

二号勘探区

分析思维

大木桶/修理的：

不知不觉就来到了第二片区，这是个有了人的世界，也难怪，这原本就是一个连续的过程。

晨晨：

好了，您不必检讨。

接着上次的话题。

元间抽象化、符号化之后，人是怎样处理这些元间的？或者说，人的大脑是如何思维的呢？

晴晴：

这个问题是神经生物学问题，是科学问题，这是我的工作呀。虽然过程仍然不是太清晰，最终解密还需时日，但终究可以成功。您不会试图用逻辑推理方法插手科学问题吧？

大木桶/修理的：

不好意思。

在你和你的同事们彻底揭示大脑秘密之前，还是有些机会用猜想和模型的方式揣测未知世界，先满足一下好奇心。没有这点儿癖好就不算是哲学爱好者，哈哈，听听无妨吧。

这次的勘探工具不是钻机也不是望远镜，而是一部"猜想机"，先把这台机器的目标指向眼、耳、鼻、喉、舌、身这些传感器与大脑。

这么多感觉器官加在一起，一次也只能接受当前的一簇信号。

想要使感知的速度能追上不断变化的对象，就必须先将当前信息存储到一个地址为 A 的存储器中，腾出感受器，接受下一组信号，再存储到另一个地址为 B 的存储器里，依此类推，之后，将 A 存储器中的 a 与 B 存储器中的 b 两个信息进行比较。所谓比较就是做减法，a、b 相减得到的差值 c，就是从 a 到 b 的变化部分。再存在另一个地址 C 的存储器里。记录一个时段之后，就能知道对象变化的过程。

顺便说一下，我们这个时代，最常用的是基于 0/1 的二进制算法计算机，除了模拟计算机之外，还有神经网络计算机、量子计算机，基本算法也类似。0 和 1 是抽象的极限，两者各自都没有具体的意义，只有两者相对时才能使对方有意义，从而使自己也有意义。0 和 1 是两个纯粹差别者，用这两个差别者就能构建、积累起无尽的差别形式。如果我们的世界是一个差别和差别者的世界，那么，0 和 1 的这种对立统一关系就是这个世界的最核心、最一般的关系形式，任何具体的存在都是这个形式的积累和演变。任何的元间都可以最终被分解为 0 和 1，分解为差别与差别者，同理，仅仅用 0 和 1 的关系就能够构建出这个世界上的任何关系形式。这就是我们能够放心使用数字计算机的底气所在。

要分解一个具体的元间，就要通过两个存储器中的数据作比较运算。典型的算法是异或运算：

$$a \oplus b = (\neg a \wedge b) \vee (a \wedge \neg b)$$

晴晴：

两者相同输出为 0，两者相异输出为 1。异或运算，每个高中生都知道。

这里的 0 和 1 都是纯粹意义上的差别者，它们之间的差别就是纯粹差别。前面说过的，这种现象只能是元间抽象革命之后才会有的新成果，之前的物理世界中并不实际存在。

晨晨：

似乎有些道理，接下来呢？

大木桶/修理的：

二进制运算只能给出有差异和无差异这样的二选一判断信号。所有复杂的运算结果都是这种纯粹差别和纯粹差别者的积累。

人和动物的神经系统用的是什么算法现在还不得而知。

元间比较的操作有两种极端的情形：

一种是完全具体的完整图像的比较。就像过去的电影胶卷，每一幅画面都是一张静止的照片，1秒钟通过24张，人的眼睛看到这些迅速更换中的照片，比较每两幅之间的变化，得到的结果，是这些照片相互之间的差异，$a-b=c$，c是一个有具体内容的元间实体。之后脑海里会形成一个运动的画面，但是它没有深度分解图像，保持了图像的完整，只是发现或凸显了图像的整体特征。这是形象思维。

另一种是深度比较。两幅图像相减就能找出两者相同和相异之处，分别把这些具有相异特征的图像存储在不同的地址里，实际上就分解了原来输入的那一幅图像，把它分解成很多"图件"，之后再把每一个图件分门别类存储起来。只要遵循每次新输入的图像都要和已经存储的每一个图件比较并且存储比较结果的原则，就会对图件再次分解，不断地分解。这种比较属于分析性、抽象性的比较。

用目前常用的术语讲，寻求共同因素的属于归纳思维，寻求差异的属于分析思维。

比较的极限

晨晨：

要是一直这么比较下去，最后的边界在哪里呢？

大木桶/修理的：

许多不同元间比较，将产生相同和相异两种元间。

相同的元间属于这些元间共有的部分，也就是把不同元间中共有的部分抽象出来。如果输入的外在元间足够多，对这些外在元间充分比较，每一个元间都与任何一个元间作一次比较，就能实现对外在世界直观意义上的分类，就能分辨出所有元间共有的部分。

同理，相异的元间，是元间实体之间不同之处，是其中一方所具有，而另一些实体中所没有的，由此才能区别出不同的实体。

不过由此得到的都还是直观的且与外在世界相关的信息，好在我们可以把比较之后的元间再次比较，又得到第二层元间的相同和相异，依此类推，直到没有必要再比较下去为止。

那么，什么是比较的最后边界呢？对于为了得到相同性结果的比较来说，如果发现两个比较者反复比较，结果始终一样，两者没有差别，也就无须再继续比较了。

为了得到相异性结果，对更多的、所有能找到的实体都进行比较，最后发现两个比较者除差异之外再没有任何内容，成了纯粹差别，也就不用再继续比较了。

这两种比较的结果最终将得到没有差别和只有差别这两个状态，就是只剩下"0"和"1"这两个纯粹差别者。

这就是数字计算机为什么可以仅仅通过简单累积，就能够几乎模拟和再现世界上所有现象的原因。正因为它的基本逻辑也是差别与差别者的对立统一，而且计算机、人、大自然三者都遵循同一个原理，所以才会有一致和相似性。

晨晨：

你觉得被分解了的"图件"是些什么？应该是某种程度上的一般性概念吧？

大木桶/修理的：

通常，元间比较处在形象思维和抽象思维这两种极端情形之间的某个具体层面上，对元间整体的分解深度不同。从节能角度看，只要达到"够用"就可以了。

概念就是沿着相异和相同两个方向，逐层抽象，在大脑中建立起来的一个元间体系。

先天判断如何可能

晴晴：

大脑中的概念体系与对象世界的元间会是同一个元间吗？这其中的差距能有多大？

大木桶/修理的：

这个问题很沉重哦。

首先，感觉器官获得外在世界元间的主要方式是间接相互作用，既然是相互作用就不可避免地对双方都发生改变，最终获得转移的信息多多少少都会失真，都不会是本征的元间；每一种传感器或感觉器官所能响应的、具有足够灵敏度的范围都是有限的，都是一个小小的窗口，即便是所有传感器加在一起，再把所有的仪器仪表都加在一起，也是杯水车薪，视野仍然有限。人不可能获得外在世界的全部信息，始终都有缺漏。

其次，所谓思维方式，也是依据一种算法，对输入的原版图像进行的切割，最初是依据先天判断能力进行的，沿着先天判断能力的规则进行。你的问题就成了"先天判断如何可能"这样一个古老的话题……

晴晴：

提一个小请求，不说康德好吗？用自己的话，通俗一点儿。

大木桶/修理的：

好吧。

我们现在已经可以相信，先天判断能力是长期进化过程中积累起来的一种先天能力，是大自然向生命体的元间转移。

就像买来的一台新电脑，预先安装了初始软件一样。初始软件可以保障一定的场景运行，但这个软件和规则只是一般性规则，而且只是个体的人出生之前这个历史时期中的一般规则，只能与人生存进化史经历过的历史相符合。在这些领域里，初装的软件还是够用的，甚至是准确的，一旦超出这个范围，运算就变得很复杂，超出了所有人的直观，变得很难理解。

晨晨：

哦，我想起来了，之前我们曾经搁置了一个问题，人的洪范、人先天就会的思维规则从何而来，可以这样解释了。这一点，康德没说，或许是他还不知道。

大木桶/修理的：

嗯，这只是一部分。

例如爱因斯坦相对论、黎曼空间、量子力学，真正能懂得、理解或者建立多维空间思维和想象力的人不多，甚至没有，因为这可能就是先天判断能力中所没有的能力，至少不是直接能力。

晨晨：

既然如此，人们又何以提出这些新学问的呢？

大木桶/修理的：

有一种解释，人在进化史上没有直接生存过的领域，其基本原理和势态，与人类在进化史上经历过生存过的领域相比，两者的基本势态可能有共同因素，至少在最基础层面的范畴可能是共同的。

到这里，还是稍稍温习一点哲学史。

翻看一下亚里士多德的范畴表，他列出了10个基本范畴：本体、数量、性质、关系、地点、时间、姿态、状况、动作、遭受。

再看一下康德列出的12个基本范畴：单一性、多数性、全体性、实在性、否定性、限制性、依存性与自存性、原因性与从属性（原因和结果）、协同性（主动与受动之间的交互作用）、可能性与不可能性、存有与非有、必然性与偶然性。

要搞清楚两位先哲的这些范畴的来龙去脉并非易事，且不深究。

可以这样问一下：这些范畴，其中有没有可在三维空间和多维空间都有效的部分？当然有这种可能。

现在我们都知道，人的先天能力远不止两位先哲列出的这些，应该更多，至少应该有更抽象一些的"差别和差别者"。其实，只要有这一项，我们就有理解多维空间的先天能力或潜力，只不过稍麻烦些罢了。

晴晴：

这就是说，元间输入的正确性和全面性、先天判断能力，是影响分析思维或抽象思维与现实世界一致性的两个重要因素。

特别是，分析的利刃可以切碎一切，可以任意使用，大自然的物质团粒却是有限的，不能任意分割，所以分析方法获得的概念与大自然的世界状态并不必然一致。

大木桶/修理的：

嗯，是这样。

人的意识能否与对象世界保持一致，是一个古老的哲学话题，有了元间转移和元间分解这些工具之后就变得清晰了许多。

好在生命体输入对象世界元间的初始目的是自己的生存，对世界的错误理解将带来严重后果，拥有过多错误概念的个体不可能生存下来。通过这样的自然选择，概念体系只能是一个与环境密切相关、高度契合的闭环系统，不断接受环境的生死考验，反复淘汰，反复校准，努力达成与周围环境最大限度的一致性。有一个哲学术语叫作"实践"，指的就是这个意义。

元间的比较

大木桶/修理的：

前面我们讨论了通过元间比较，实现对输入元间逐层分解，元间分解的操作如果进行到底，最终将会达到 0 和 1 这样的纯粹差别者的程度。出于"够用"原则，实际上，天然的元间分解都不必达到极限，都止步于某个具体的位置上，被分解的元间实体或单元都还保留着一些具体的内容，都是不同层次的概念。

很明显，元间分解产生的次级元间实体分为两类：一类是作为差别者性质的元间实体；另一类是作为差别形式性质的元间实体。或者说一类是"关系者"，另一类是"关系或关系形式"。例如 a⊕b 这个异或操作，作为元间实体，可以分解为关系者和关系形式两部分，a 和 b 就是两个差别者、两个关系者；"⊕"就是这两个差别者之间的差别形式，或者说两个关系者之间的关系形式。这两类元间实体也要分别存储起来。同时，⊕也是一个差别者。严格说来，有三个差别者。

晨晨：

这些元间实体在认识世界的过程中都有什么作用呢？

大木桶/修理的：

每遇到一个对象，首先要做的是把第一眼看到的对象与自己元间库中的元间进行比较，看看有没有与之相同和相似的。如果有，就是已经认识了的；如果没有，就是新元间，就要对其做进一步分解操作，在另一层次上再进一步寻找与元间库中相似或相同的，如此反复，直至寻找出真正的第一次见到的新元间，把这个新元间存入元间库。

人们打量新同事的眼神，小猫围着新玩具转圈圈，大体都是在搜肠刮肚地想着，这家伙看起来好面熟啊……似乎在哪里见过的呀？……

晴晴：

是不是每个思考都要从 0/1 这个基础层面开始，或者分析到 0/1 这个极限为止呢？

大木桶/修理的：

那倒不必。

你知道的，另一类计算机是模拟计算机，使用具体的物理量作为比较单位的。特别是采用分布式网络结构，结合了模拟量和数字量两种比较方式的神经元计算机，具有更高的计算和学习效率。

物质与元间的实体和元间实体

晨晨：

又该小结了。

回顾来时路，我们先后在第一和第二两个勘探区展开了工作。从一号勘探区，也就是在人产生之前或者人没到过的地方，勘探所得到的都是物质与元间对立统一的实体；但是也发现，物质与元间关系中出现了一种特殊的情形，物质载体之间出现了层次上的区别，出现了元间转移的萌芽，出现了间接性。在这个间接层面上，元间不再直接和必然依赖于特定的唯一的物质实体，开始具有相对的独立性。元间实体开始趋向于成为一种相对独立的实体。

当进行到二号勘探区后，发现元间开始通过传感器这种尽量减少相互作用的机制转移，之后又实现了元间抽象，元间不仅可以不必然以特定物质实体为依托，而且还可以不受限于特定的表现形式，可以用具体和抽象两种极端形式，以及处于这两个极端之间的某种抽象程度的形式表现。通俗地讲，就是可以用符号的、编码的、压缩的形式表达同一个元间实体。

抽象的元间实体又可以分为关系性元间实体和要素性元间实体这两类。

至此，我们已经发现了物质实体和元间实体这两大类实体。

大木桶/修理的：

不错，不错！咱们收工吧。

虚无缥缈的形而上

一晃一年过去了,又是一个周末。

晴晴:

前次我们勘探到了仅仅依托痕量级物质就能成立并运行的元间实体。我的问题是,痕量级的物质,任意的物质,对于占主导地位的元间实体来说已经微不足道,这样的元间能不能算是纯粹元间?假如纯粹的元间可以构成一个世界或另一个世界的话,那会不会就是传说中的所谓"形而上"世界呢?

大木桶/修理的:

那么你们心目中的形而上世界应该是个什么样子呢?

晴晴:

"形而上者谓之道,形而下者谓之器",我们想看看"器"之外的"道"。

就像爱因斯坦曾表示的"我想知道上帝是如何创造这个世界的",杨振宁也说,如果你所谓的这个上帝是一个人形状的,那我想没有,如果你问有没有一个造物者,我想应该是有的,因为整个世界的结构不是偶然的。

我也想知道啊,如果有一个"道"的世界的话。

大木桶/修理的:

嗯,我也想知道,大家都想知道,可惜没人能讲给我们听。

现有的说法很多,要么听不懂,要么没说清。与其懵懵懂懂,不如自己动手,去探索一番,打的探井多了,可能离答案就会更近些。

◆◆◆ 元间简史

晴晴：
俗话说，人类一思考，上帝就发笑。

晨晨：
即使让他老人家笑口常开，也不该羞于思考呀。

大木桶/修理的：
赞成！

不是说"我思故我在"吗？与其坐以待毙，还不如奋力挣扎一下。仔细感觉一下，看看我们还在不在，哲学究竟死了没有。

形而上这个概念，在当下中国的文化语境中，大致有三类用法或解释。一种是与辩证法相对的所谓"孤立、静止、片面"的分析方法；一种就是你刚才说的"道"，古往今来，很多人都把这理解为自然规律或洪范；一种是亚里士多德开创的"研究存在之为存在以及存在的自在自为的性质的科学"就是"形而上学"。

在这里，我们采取"形而上者谓之道"这个用法。

在中国哲学里，最基本的观念是对立统一，对立统一中的道和器是相互依存、没有分离的。"形"是区别两者的标志，能够看见的、直观的、能够与我们直接相互作用的部分是器，看不见摸不着但实际存在的是道。这也是物质与元间思想的由来和基础。

我想，你要"看"的形而上世界，实际上是想要获得一个直观的元间世界，直观"道"，直接把元间作为对象，分析研究纯粹元间构成的世界所可能具有的性状。

不过，从前面我们勘测的结果来看，在一号勘探区里，所有的元间都直接被物质绑定，只有在二号勘探区，才有元间从物质中分离出来。也难怪，古人常说天理自在人心。

这提示，纯粹的"道"的世界，似乎应该是一个纯粹的元间世界，只能在元间世界找到纯粹的"道"，只有纯粹的元间世界才是梦寐以求的形而上世界。

当元间对于物质的依赖趋近于最小值的时候，就有可能接近更纯粹的元间世界。既然人的大脑是我们能够想到见到的最接近纯粹元间的领域，那么，大脑里面也许就隐藏着所谓的形而上世界。

天理自在人心

晴晴、晨晨：

你是说，形而上世界可能在大脑里？

大木桶/修理的：

从《大学》的"格物，致知，诚意，正心"发端，直到宋明以后，形成程朱理学和陆王心学两条进路，一条偏重于向外，从对象中寻找形而上，另一条偏重于向内，强调从内心深处寻找形而上。

此前我们的探寻主要是向外的。

勘探队不能忽视任何一个角落，至少大脑是很具潜力的待勘探区，现在应该回过头来，也向里面找找吧。或许部分形而上世界的内容就是从这个新生成的元间生产工厂里制造出来的呢，也或许我们还可能找到"理学"和"心学"各自对象在演化史时间轴上的分布关系呢。

之所以敢于把寻找形而上世界的目标指向大脑，是因为我们有一种内省的能力，能够反思自己的思考过程，知道自己在想什么、以前怎么想的、现在怎么想的，可以把自己作为研究对象。这是一个到目前为止最省钱且更有效的方法。虽然过去几千年先哲们一直在用这个方法，但是每个时代的知识背景不同，反思的角度和深度不同，或许得到的结果也能有所刷新。

晨晨：

那好吧，现在把"猜想器"的探头指向大脑吧。

大木桶/修理的：

先要承认三个前提：

第一，虽然大脑所具有的物质性无可置疑，但是，现代人都已经很容易理解，物质的大脑和大脑中运行着的信息是截然不同的两种实体，就像计算机硬件和软件的区别一样，毕竟这是一个物质与元间的世界。

第二，大脑是世界的组成部分，是世界的一员，大脑中的内容无一例外统统属于世界"资产"，不排除世界中还有其他的"形而上资产"。

第三，现代人还很容易理解的一点是，大脑是进化的产物，如果大脑里藏着一个形而上世界，这个生产工厂及其生产能力、产品也都应该是逐渐积累形成的。

物质与元间的世界经过不断的元间革命，直到通过大脑实现元间抽象，将元间从具体的物质载体中分离出来，从具体的元间形式中抽象出来，变成相对独立的不同层次的元间实体，最终被分解为纯粹差别和纯粹差别者，可以达到元间分解的极限。

主观唯心主义陷阱

晴晴：

在你看来，所谓"形而上"的东西都属于元间，一种纯粹的元间，特别是一种纯粹的具有洪范性质的元间。而且，你把大脑看作一座元间生产工厂，形而上的洪范就是在这间工厂生产、制造出来的，是"想"出来的，而不是发现的。

那你就要小心了，这种想法在哲学分类里就属于典型的"主观唯心主义"啊！

晨晨：

那也不一定！

人也是大自然的一部分，我们"想"的一切也都属于大自然自己的内容，对这个正在"想"的人自己来说，所思想的东西是主观的，但是对一个旁边的观察者来说，就是客观的。不仅如此，因为每个人都有反省能力，自己可以观察、考察自己的想法，站在考察者立场上，检查前一阶段曾经的想法，那就是对象，也就是客观的。一本小说就是一个人的思想，书店里的书，不都是客观的吗？

晴晴：

市面上主流的说法，对象性不一定就是客观性，通常客观性是指人之外的元间，人的想法只有符合外在的元间才是客观的，才可能是正确的。

晨晨：

我知道姐姐又想说实践是检验真理的标准，而且是唯一标准。照此说来，无限不循环小数的实践啥时候是个头啊？永无验证的可能了。

我们时时刻刻都在预测，所有的动作只有在动作结束之后才会知道原先的预测是否正确。可是，日子总还要先过着，在完成全部闭环反馈、验证、调整之前，总还是要先依据预测发出动作，预测的正确性都是没有经过实践直接检验的，都属于试探，都要依据一个规则制订计划，假设一个结局，在实施过程中逐步调整。这时，开环状态的洪范其正确性就很难通过实践来直接验证了，很难事先确认我们的认识是否与外在世界元间一致，况且，对象世界是高速变化的。

应该说，实践是检验猜想、模型与方案的标准，却不是唯一标准。

大木桶/修理的：

好了，好了，这样的争论实际上无解，甚至是一个悖论。

可行的出路是探索洪范、形而上、自然规律……的生成过程，研究这些元间实体的来源才有益于回答这些问题。

可是别忘了，我们的大脑，那个实现元间抽象并且能够产生新元间的复杂机器依然也是肉长的，也是物质，我们用来研究逻辑的工具也是逻辑。

乐观一点说，仰仗着元间抽象的革命成果，我们已经摸到了形而上世界的门框了。可以猜想，这个神奇的碳水化合物，是一座大自然花了几十亿年才打造成的元间宝库，它会不会将所有积攒的洪范都藏在里面？我们居然如此接近纯粹元间的世界，就在我们身体里！不夸张地说，甚至闭上眼睛也能感觉到透着金碧辉煌的矿苗！……

晴晴、晨晨：

那还等什么，赶快进去找找看吧……

◆◆◆ 元间简史

大木桶/修理的：

在我们先前描绘的框架中，洪范、形而上都属于元间，这些自然规律都是生成的。想要探索元间的来源，就是要问元间是如何生产出来的。既然我们把寻找的目标限定在三个勘探区里，而且相信范畴是生成的，也就是制造出来的，那么，就可以把这三个勘探区分别看作三座元间生产工厂，分别是元间一厂、二厂、三厂。

元间二厂

大木桶/修理的：

勘探队变成参观考察团啦！

欢迎来到元间二厂参观访问！

与所有工厂一样，元间二厂也有原料采购部、原料库、原材料分解加工车间、中间库、设计室、组装车间、检验室、成品库、产品输出部门、辅助和动力部门……

元间二厂的任务是把一些采购来的原材料按照一定的规则分解、加工、组装，最终成为所需要的产品。

元间二厂的两种原材料

大木桶/修理的：

还是先从原材料的进厂说起。

元间二厂的初始原材料有两个来源。

一种是从外部购入的。原材料采购部就是我们的传感器系统，负责在与外界事物的相互作用中获取对象世界的信息，并将这些外来的元间存入原料库。这些存储的元间都是对象原有的具体信息，是从对象那里转移过来的"原版"信息。

另一种是库存的。在原材料库的最上层一格里，存放着通过遗传途径继承下来的先天的元间，先天元间也分为具体的元间或素材性的元间和抽象的范畴性的元间。有人给这类元间库上贴了一张大门牌，赫然写着"先验论"三个字。其实也真没啥稀奇的，先验的元间分为两类。正常的婴儿刚出生就会吸食母亲的乳汁，还没完全出壳的雏鸡，就会对飞来的一把扇子做出躲避的行动，这属于具体的元间。另一类是先天具有一整套抽象的范畴性元间，成为指导今生行为重要的原则和基础，如孟子曰"人之所不学而能者，其良能也；所不虑而知者，其良知也"。亚里士多德，还有以王阳明为代表的阳明心学诸位先贤，德国古典哲学代表人物康德……很多人提出了自己的范畴，列出了著名的范畴表和繁杂的表述体系，但"良知"或"先天综合判断能力"充其量都只是提供了一些现象的归纳，还给不出这些能力的来源。直至 DNA 被发现，今天的我们已经可以很轻松地把这些解释为生物进化和积累的结果，理解为与环境相互适应和元间转移的结果。这些元间与现实世界具有一定的天然的一致性和契合性。先天范畴不仅仅是刚出生的人最初处理外在信息的工具，作为最基本的行为规范，相对于之后形成的自我意识，本身也会作为被考察对象，也会是元间工厂加工的原材料。

元间的分解与元间抽象

大木桶/修理的：

这些原材料都会被送入元间分解车间进行分解加工。

分解车间里，最核心的设备是一台比较器，它把原材料库中所有的原版元间，注意，是所有的哦！把所有的库存元间都分为减数和被减数，对每两个元间都做一次减法操作，直至所有元间都无一例外地进行了比较操作，从而分辨出这些元间共有的部分和相差的部分。

把每次比较的结果——差值和共值——分别保存在中间库中，同时还要做好台账，准确记录这个差值是哪两个元间的差值和共值，所以还要有一套地址码，每个地址码应该起一个名字。这个名字最好能大体上摹状它所代表的那个元间的性状，这样检索起来就很方便，这类摹状词就是我们平常所说的"概念"。

将中间库中的元间逐一做比较操作，就会实现对概念系统的再次抽象。

如此往复，就会得到一个概念的金字塔，直至达到抽象极限为止。

这时，中间库中就摆满了一层层、一列列、一组组不同抽象程度的元间，每一个元间都对应一个地址码或名称或概念，中间库逐渐积累，逐渐生成一座概念库。概念库中的元间已经实现了对原版元间的再抽象和分离，已经不能再与对象世界中的具体元间逐一对应和同一了。

比如著名的"白马非马"公案。"马"是一个概念，"白马"是另一个概念，被城门官拒绝入城的那一匹马，又是具体的白马，三者不同。又比如，海德格尔的"存在"是一个层级很高甚至最高层的概念，具体存在者是低阶概念，存在者的存在不能直接等同于纯粹的存在。但是，"存在"作为一个概念，它已经存在了，就放在概念库最高一层的某个格子里。

中间库中最显著的特点是，元间被分为两类，一种是素材性的元间，另一种是关系性的元间。

例如，几何学里的"点"，就是最典型的素材性的概念。它的内容是一个没有任何广延、没有任何尺寸，因而也就没有任何物质的依托，是一个纯粹的元间要素。在外在的对象世界中并没有这样的要素实际存在，因为任何实际存在者都必定是物质的，物质的存在者就处在相互作用之中，就会有时间和空间的限制，就一定是物质与元间的对立统一体。概念库中的"点"，是从无数具体物质与元间对立统一中抽象出来的共同因素，是纯粹的元间因素。这时，大脑仅仅起到能量维持与载体的作用，这些载体和能量以及大脑的"状态"已经和这个元间要素的性质没有直接关系。"点"已经是一个典型的形而上的要素了。

又如，欧几里得第一公设："任意一点到另外任意一点可以画直线"，这是典型的关系性元间要素，规定了两个"点"之间的联系是一条直线。从另一个层次上分类，这条规定了两个点之间的关系形式的公设，本身又是一个素材性的元间要素。也就是说，每一个关系性要素在另一层元间中又可以作为要素性元间，一条直线对于一个画面来说就是要素。

晨晨：

按照这套生产工艺，将对所有外源性、内源性元间的比较和分解操作进行到底，最终得到的将是纯粹差别者和纯粹差别这两个要素，其中的"差别者"就是最初的、最单纯的、最基本的素材性元间，"差别"就是最初的、最单纯的、最基本的关系性元间。看来，元间二厂的主要业务是对元间进行分解，是吧？

元间组合与演绎

大木桶/修理的：

不，不不！

元间分解只是元间二厂第一车间的业务，还有另外一个更重要的车间呢。

晴晴：

这就是传说中的元间组装车间了吧？

大木桶/修理的：

嗯，请继续参观！

这里迎来的是又一次元间革命——元间组合与演绎。这把钥匙才真正开启了以大脑为载体的形而上世界的大门。

看这里，大脑的神奇简直不可思议，它能够从素材性元间库中挑选出两个以上元间要素，从关系性元间库中挑选关系性元间，用这个关系性元间把那些要素性元间组织起来，构成新的、更大的元间实体。

更神奇的是，大脑自己站在一个立场 A 之上，建造出一个新的元间实体 B，当 B 这个新产品足够大时，大脑会转换立场，反过来，站在这个新的元间实体 B 的基础上，回过头来审视曾经当作出发点的元间实体 A，一旦发现缺憾，不仅是检讨，还会毫不犹豫地动手修改和弥补，之后又回到更新过的 A 的立场上，扭过头来再看 B。如此往复，大脑身兼设计师、操作工、检验员、用户数职于一身，同时制造两台互相把对方作为工具和产品的机器，在不同的角色之间不断变化，乐此不疲。

晨晨：

忙得团团转，在干什么？

大木桶/修理的：

这就是所谓的自我意识呀。

A 和 B 加在一起才构成完整的思维过程，才构成完整的思维主体，才是一个完整的"自我"。

晴晴：

这个奇怪的"自我"跳来跳去，生产这些元间组合体，是干什么用的？元间产品的用户和市场在哪里？

大木桶/修理的：

这个问题可以先放放再说。

先来看元间组装车间的检验测试，给大脑出一道题。

一只瞪羚猛然发现自己被一头狮子盯上了，该朝哪个方向逃走呢？还是逗狮子玩会儿呢？一瞬间，瞪羚犹豫了。这时，在它的脑海里也许出现了各种各样的方案和模型，这些方案都是一个个元间组合体，如果时间允许，瞪羚也许会逐一将这些方案在脑海中演绎一遍，比较这些方案一旦实施将会产生的后果，权衡利弊，之后挑选最优的一个付诸执行。我们不是瞪羚，当然不知道它是怎么想的，但设身处地，换作是我，我会知道我是怎么想的，这个决策过程是清晰的。至少我知道自己在想什么，想了些什么。这种把自己的思想作为对象，把自己不同的想法相互比较的过程，就是自我意识的过程。

元间组合体最初、最直接的用处是为决策提供预案和模拟推演。已经被实践验证过的方案就是所谓经验，被存在了经验库里。经验库中的元间不断与新的方案比较、验证、筛选，确保经验的有效性，以期应对不断变化和升级的严峻势态。

晨晨：

这也太慢了吧，瞪羚会思考多久呢？狮子怕是等不及了。

大木桶/修理的：

别急嘛，狮子也还没想好呢，等它俩都想一会儿吧。

大脑里的规则至少有这样几个部分和种类：通过遗传途径继承来的范畴性元间和具体的元间；通过感觉器官输入的具体的形象的元间；分解操作得到的不同层次的概念性元间；通过元间组合能力和演绎能力生成的新的元间。在组装车间里，我们重点考察的是后面这一类。

大脑通过元间组合能力和演绎能力生成的元间，所根据的是元间组合任意性原则，所遵循的规则也是大脑中的规则，产生的元间产品会有自己的特色，就不会与元间一厂的产品必然一致。

元间组合、演绎能力是在生存竞争中逐渐生成和完善的。用于生存的元间演绎结果必须与对象世界相符合，否则不仅这个方案不能存在，连这个元间创造者也活不下去。与对象世界的元间校对是通过生存竞争过程中不断调整、反复矫正实现的，大多情形下是以生命为代价的。

晨晨：

还是放心不下那只瞪羚。

晴晴：

好哇好哇。

狮子也要养家糊口。

元间组合的效率

大木桶/修理的：

这就要看瞪羚和狮子谁的元间组合、演绎效率更高、更精准了，谁能更出色地把自己的优势发挥出来。

就元间工厂的管理者来说，一要保障原材料的丰富和精准；二是要具备跟随和预测对象变化的能力与速度。就像下象棋，预测的步数多，演绎的棋局多，试错方案更多，而且都一一精心演绎过，胜算就越大。

思考效率更高的方法有两个：一是成熟方案的直接调用，就是本能和经验；二是用抽象规则直接组织抽象的素材，使用概念化程式化了的元间组合体。比如多头狮子环伺，就不能过多在意每一头狮子的具体细节，而是只用狮子的概念、狮子的数量、狮子的方位这些抽象的元间形成简易的元间势态图景，进行概念层面的演绎。受这两种方法的驱动，前者导致了经验的丰富和积累，甚至通过遗传途径、自然选择途径得以传承；后者导致了科学技术的产生和发展。

元间输出能力短缺产生的压力

晴晴：

把狮子、瞪羚、猴子这样最聪明的动物都算上，整个生物界，除了人之外，为什么都没有出现科学家和工程师？

大木桶/修理的：

获取自然界的元间，形成对策，实施对策，是与自然博弈的完整过程。要实现这个过程，就要把已经掌握和产生出来的元间反馈和输出到对象世界，元间输出就成了重要的一环。

你们注意到了吗？人和动物有一个共同的特征，就是天然的元间输入能力都远远大于元间输出能力，且元间的生产能力远远大于元间输出能力。相比之下，元间输出能力严重不足。

动物和人本能的元间输出途径有遗传、声音、气味、行为等途径。

对于自然的适应能力及一部分行为能力是通过变异、遗传的自然选择途径来传承和更新的，近来，科学家还发现了通过小RNA途径的"获得性遗传"迹象。这些生存经验的传承对于子代的生物来说是先天的一种元间输出和传承，不过，这种输出和转移所需时间很长，且都是过去一个历史时期内的范畴和技能。

站在先天禀赋的基础之上，动物的元间输出主要通过声音、气味、动作等身体行为来实现。

如前面讨论过的那样，元间输入是一个从直接到间接、从具体到抽象的过程，对于外在元间的了解、理解以及形成的对策都已变成抽象的符号化的状态储存在大脑中，而元间输出就是把这些抽象的符号化的元间内容重新作用回到对象世界，就不可避免地是一个从抽象到具体的逆过程。重新把已经抽象化了的符号体系还原成具体的形象化的元间实体。

抽象和概念能力的起源

晴晴：

从抽象到具体的元间输出过程可以这样理解吧：

"菠萝"喵喵的叫声是一个特别简单的信号，输出了一个抽象的元间，我收到这个信号之后，就要辨别这次呼叫的声调。根据以往的经验，我猜是否猫粮不足了，因为"菠萝"从不把碗里所有猫粮都吃尽，剩下不多的时候会提前发出提醒呼叫，剩下的猫粮越少，叫的声音就会越焦急，从声音中可以判断出剩余猫粮的数量。这样，我就从小猫的抽象信号中还原出了具体的元间。

大木桶/修理的：

对的——

由于元间输出能力的欠缺，一开始都只能用最简单的信号表达复杂的意义，这样就要求授受双方有很多的约定，双方认同用一个简单的信号代表一个复杂的内容，这个约定的信号就是所谓的"概念"。

这也就是概念能力的自然起源或来源。因此可以说，抽象能力和概念能力是一种自然进化的产品，起源于自在阶段时通过遗传途径传承和输出，已经成为一种先天能力，属于一种"良知"。

当然，你也可以从中体会到，用概念方式传递信息的前提是双方的约定和默认，是个协议，虽然还是那么不靠谱，毕竟有了不少进步。

仅靠肢体、嘴巴和面部表情试图把冗长复杂的情报和细腻的心理感受传递给对方是一件相当困难的事情，个体间通过简单声音的天然交流能力并不适宜从事复杂和大容量元间交流，只有更丰富的概念体系才能达到充分沟通。

概念不仅作为沟通和交流的媒介，使一个大脑中的元间能输出到其他大脑，也被用于提高大脑自身的工作效率。

肉长的记忆和计算工具有其天然的缺陷，稳定性、可靠性不足，而且检索速度、计算速度也严重不足。作为自我意识的主体，经常要比较多个元间的差别，就要对每个元间都有清楚的记忆，要从记忆库中查找、回忆、调取这些元间，还要把比较的中间结果再次保存，如果其中的差值较少，这些元间就很容易混淆。除了不可思议的"雨人"或经过特殊训练的人之外，很少有人能快速心算3位数以上的乘除法。不借助外在的临时存储装置，人无法进行复杂运算，想象能力也将大打折扣。这些天然的缺陷限制了自我意识的发育。

人和动物正是从更多利用外在媒体输出元间这个节点上开始分手的。人发明了石器、铜器、铁器，发明了符号、文字、纸张、笔墨、算盘、图书馆、计算机、互联网、U盘、数据库……人不断开拓和刷新向环境输出元间的途径，把越来越多的元间物化，生成一大堆自己为自己建造的新的物质与元间的环境，生成更加完善的概念体系。

这是又一次元间革命。

晴晴：

我们注意到了，随着元间输出能力的发展，元间输出的内容向两个方向进步：一个是抽象程度的发展，越来越趋向抽象的极限；另一个方向是元间向具体化发展，越趋细腻和广泛，能够输出和交流的信息越趋具体和详尽，出现了去抽象化的趋势。

例如，现在许多人持有高清摄像能力的手机，有的像素高达上亿，可以直接传递，能随时随地把自己见到的景象更好地分享给别人。元间输出的能力已经有了极大提高。

大木桶/修理的：

受基因本身的限制，人要仅凭天然的本能，高保真高效率地输出自己脑中所想的画面，依然十分困难。也就是说，基因限制了人的元间输出能力，要突破是个禁锢，只能期待基因的改进或者新工具的出现。

晨晨：

看看，一不留神又越界勘探了，不知不觉已经进入三号勘探区。

大木桶/修理的：

我记得，二号片区范围定义是"有人"，而不是"只有人"……

晨晨：

哈哈，狡辩啦！……

大木桶/修理的：

"有"和"是"都是一个从无到有的过程，因此，"人"也是一个过程性的概念，人的性质是发展的，是从动物中脱颖而出的一个过程。我们是不是可以把元间输出能力出现显著差别看作人与动物分道扬镳的外在标志和分叉点？也把这些作为文明的出发点？

晨晨：

狡辩成功！

三号勘探区

大木桶/修理的：

周末快乐！

现在开始正式勘探三号片区，这个片区其实就是大家日常生活的世界。

晨晨：

现实世界是一个物质与元间的世界，而探险小分队所要探寻的是形而上，是纯粹元间，怎么从物质与元间的世界中分选出这些抽象的元间矿石呢？

大木桶/修理的：

还是有些希望的。只要放弃僵化的唯一物质主义，稍稍转变一下思维和观察角度就能看到曙光。

每一辆从眼前驶过的汽车，你会注意到它的钢铁、塑料、橡胶、玻璃，更会注意到的是它的颜色、型号、速度、气势，还会联想到它的操控，甚至它的生产厂家或者一整套图纸。很多软件公司可以通过自己的垄断性地位，骄傲地证明，元间作为一种相对独立且占主导地位的实体早已成了一个无可争议的事实。常有寻找手机的人承诺，只要把手机中存的内容还给我，必有重谢。随着进入信息时代的步伐，社会意识、社会生活的内容都在发生翻天覆地的改变，除了一些哲学家，大部分人已经习惯区别物质与元间，逐渐更多把关注的重点转向了元间实体本身。

晨晨：

新一代手机已经不怕丢失了，所有信息都保存在云端，可能遗失的只是一个物质的显示器。

大木桶/修理的：

实际上第三片区已经包含前两个片区在内了。

先来估算一下眼前的这个大片区中都有哪些可供关注的元间矿藏。

（1）大自然自己原生的，没有经过人为干扰的部分。要想获得这部分元间就必须与之发生相互作用才能实现元间转移，而相互作用必然改变对象，所能得到的都是被或多或少干扰、破坏、失真了的元间，何况更多的是我们还没有来得及与之发生相互作用的，还没有被发现的。因此，没有经过人为干扰的元间只能是假定或推断的存在者。

（2）以生命物质为载体的元间，这其中包括遗传途径实现的先天元间；以感觉能力输入的后天元间；生命体输出的元间对原生环境造成影响而产生的新元间，例如石油、煤炭、二氧化碳、氧气浓度等生物和人类活动产生的各种物质和元间……

（3）人的大脑中生成的元间，包括被加工处理后的元间，包括分解产生的抽象概念以及组合演绎形成的离奇故事。

（4）人输出的元间，其中一部分物化为物质性较强的人造装置，与自然相互作用，生成的新元间。

人的认识目前主要是以站在第（2）、（3）、（4）项的基础上，追溯既往，不断向历史和现实挖掘、开采、索取元间，并且制造、融入、回馈、丰富新的元间，将来更多的是站在第（1）（2）（3）的基础上创造并且接受和适应第（4）项内容。

这是人认识世界的机制，是人类社会新的进化机制，也是自然界的一种新的进化机制。

晴晴：

如此，回过头来看，在元间二厂的元间原料列表里，还要再添上一项，就是人自己生产、输出之后又返回来的元间内容，就是人们要听别人说过的话、看别人写的书、看人们演的戏，要面对人的行为产生的后果。而且，元间二厂的生产设施和流程也要更改，参与元间处理的比较器、运算器、存储器就不一定全都属于大脑本身的机构了，还增加了不少外挂设备。

元间输出的发展

大木桶/修理的：

是的，更重要的是增加了元间输出能力！将个体之外的其他人以及其他智能主体也作为元间二厂的生产工具，也就是增加元间产品的种类，这是一个正反馈过程。

最初的元间输出先是突破原先对个体大脑的依赖与在不同个体之间言传身教的限制，元间的保真度和保质期不再被个体能力和寿命限制，其输出的程度取决于整个族群对这个元间的兴趣和族群寿命。

之后，部分元间内容最终脱离了人脑，脱离了人的身体，被记忆在另外的物质介质之上，不再随人的生存状况而改变，变成一个物理、化学和材料学问题，变成一种新的自然，成为自然界新的内容。

元间输出的实质是，把大脑中的元间重新物化为可交流可存贮的各种物质形式，例如语言、文字、图形、造型、仪式等符号形式，工具、建筑、机器、日常器物等物质媒介。

元间输出能力是新的进化动力，就像我们把煤炭这种生物参与制造的矿物作为自然物一样，高铁和飞机也是自然物，稍稍新一点罢了。

在为大自然添加新内容的同时，也伴随着人体自身生理、心理结构与能力以及思想方法的进一步发育和丰富。

借助外在媒体的元间输出机制，使元间更广泛扩散传播成为可能，突破了个体、家族、人群的界限，形成更大的群体。互相沟通的效率提高了资源共享的水平，提高了群体的效率，提高了所有人的智能，也就提高了整个族群的智能，集体行动成为可能。

借助外在媒体的元间转移，使思想的传承突破了个体寿命的界限，突破了时间的和空间的界限，使很多人同时思考同一个问题成为可能，使元间处理并行运行、分工合作，群体思维成为可能。

借助外在媒体的元间存储性能，在进行复杂思考时可以把思考的中间结果暂存于大脑之外的中间媒体之上，把几个不同的中间结果分别存放在不同的媒体位置上，思维的中间结果被暂时物化为对象性元间，之后，大脑再对这些对象性的元间进行处理，运算这些元间之间的关系。其实，在纸面上做多位数乘法就是这样一个过程。更何况计算机的运算速度、存储稳定性、存储规模、检索速度都远超人的天然能力，这些外挂的元间设备逐步参与、渗透进人的思考，参与了自我意识的过程，人与自然物共同组成了新的元间生成机制。

晨晨：

还有！

借助飞速发展的信息传播技术，人与人之间的元间交流越来越方便，个体思维逐渐向群体思维转变，对同一个课题的思考从一个大脑的独立思考逐渐变成一个小组的分工合作，当这个"小组"逐渐扩张，形成更大规模的分布式思考主体。就像把全球的电脑用互联网连接起来，实现分布式运算一样，人的大脑也是这样的系统。实际上，高效率的分布式思维系统都必须基于互联网和计算机系统，这两个网相互重叠，相互激励，共同成长。

晴晴：

还有！

人工智能和物联网、自动驾驶、自动生产线，每一座工厂，每一所房屋，每一部空调、洗碗机，甚至每一件衣服、扣子都是智能的；每一米高速公路甚至每一颗螺丝钉上都有传感器，每一盏路灯上都装有摄像头，把所有这些用一张大网联系起来，再接入你的分布式思维系统。

晨晨：

还有！

所有地球人就像一个智慧的巨人一样，每个人、每一个人造器物就如同神经元细胞，都通过传感器和信息系统相联系，所有资源共享，地球上所有人组成了一个完整的思维主体。

长此以往，人与人造的智能机器一同构建起新的思维主体，成为一种新的自然现象。

大木桶/修理的：

"哒哒——哒——哒哒——哒——哒哒——哒哒——"

听懂了吗？

所有这些成果建立在又一次元间革命之上，一次更彻底的革命！

晴晴：

黑板也能这么敲呀……摩尔斯码的惊叹号！

大木桶/修理的：

不好意思。

这一切都基于完全不失真的纯粹的元间转移和元间运行的实现！

晨晨：

哦！是啊！

实质上，纯粹的元间转移和纯粹的元间演绎已经成为现实，无论使用什么媒体，其中的元间都不会发生丝毫畸变，这已成为日常生活中常见的事实。

大木桶/修理的：

脑壳并不是元间三厂的围墙。人通过输出元间，在人体之外又建立了新的元间生产车间，元间三厂的厂区和业务都在飞速扩展，一片蒸蒸日上的繁荣……

晨晨：

慢点儿……

好像又有一点儿跑题呀。

勘探小分队探寻形而上或纯粹元间的真正目的，是要探索这些范畴或自然规律产生的原因和机制，您刚才说的都是元间现象，还不是元间产生的机制，更不是范畴性规律性元间生成的机制，是吧？

元间组合的任意性和规则性

大木桶/修理的：

那好，我们再来集中讨论一下第三勘探区里"规则"的来源。

来读一下《元间三厂元间组合与演绎车间生产规程》"第一原则：任意性"。

晴晴：

啥意思？

大木桶/修理的：

大脑中的元间都是脱离了物质性的纯粹的元间。理论上，大脑可以任意调用任何规模、层次的、任何性质的元间要素，无论是关系性元间还是要素性元间，都可以直接领用，可以用任何规则将任何元间要素组装起来，甚至连差别和差别者对立统一的最后边界也不用顾及，就看你有没有这个本事。所以，元间组合能力是无限的，可以产生无限种类、无限规模、无限数量的新的元间。还好，受到脑神经数量、组网效率和思维定式等有限性条件的限制，人的思考能力终究是有限的。

例如，人人都有梦境体验，梦中景象光怪陆离，千姿百态，大多与现实世界的事实不符，人在梦中是充分自由的。这些是大脑在修整调试元间组合装置时产生的一种副产品，没有被认真对待。这类现象可称为：元间组合与演绎的任意性。

再往下看，"第二原则：规则性"

晴晴：

这两条正相反，是冲突的呀。

晨晨：

是啊，是矛盾的，也叫二律背反，中国哲学把这叫作"执两端用中间"，两个极端都是最终无法到达的边界，有意义的是这两个边界线之间的区域。

大木桶/修理的：

你想，大脑思考的基础是自我意识，不顾及最后边界的结果是终将失去思考的相对者，进入空转状态，睡醒了自己才会明白。元间组合的任意性还是受到了约束，包括事实性的约束。约束性就是规则性，元间组合与演绎也是依照一定之规进行的。可以把这种现象称为：元间组合与演绎的规则性。

一个新元间一旦组成，本身就意味着一个新规则产生了，元间本身就意味着规则性。之后的元间演绎，都多多少少会被这个新元间所规定所限制，只有这样才能维持新元间的实体性和完整性，这个新元间才成为元间实体。关系性元间就是规则，元间组合的操作一旦选定了一个关系性元间作为起点，实际上就选定了规则。从这个规则出发，之后的演绎都是基于这个规则的。

这个不难想象吧？

晨晨：

比如一部小说，一旦规定了人物关系之后，就不能再轻易变化了，就具有规则性了。

把圆周分为360度、把水从冰点到沸点之间温度分成100份也是一种规定。

大木桶/修理的：

都知道爱因斯坦借助过黎曼空间学说，科学界甚至一度认为黎曼空间更本质一些，之前的欧几里得平面空间只是黎曼空间的一个子集和特例。

看看利玛窦和徐光启1607年合译的《几何原本》，第二句就是"线有曲直"。照此说来，欧几里得并非只知道平面几何，只是选择了"直线"作为两个点之间的关系，从这个分叉点分道扬镳，开始建立了自己的几何学大厦。如果当时他选择了某种曲线，就会是另外一种几何学了，也就是所谓非欧几何学。这两种几何学的最重要区别在于初始规则的选择和约定。

初始元间的约定性

大木桶/修理的：

很多规则基于"初始约定"，约定是一种选择。初始约定限制了之后元间演绎的方向和规则，因此也是具有规律性的元间。

这种事例数不胜数，例如围棋、象棋、足球、排球比赛的规则，还有刚才你说到的小说中的人物关系，这都没有天然的一定之规，都没有必然因素，都起源于初始的约定。然而，一旦约定，就成为规则，就会导致依据这个规则的一整套演绎的规范。别看是些游戏，公正与否会决定千百万人的荣辱和利益，一场球赛甚至曾经引发了战争，规则的力量很大哟。

元间事实与元间客观性

晴晴：

如此说来，初始规则可以人为设定或规定，这可是一个主观过程啊。

大木桶/修理的：

初始规则有两类：一种是大自然的选择，或许最初始的自然规则出于偶然选择，后来的演化都受到了前面既成事实的约束和影响，或多或少都受到了初始选择的规定和限制；另一种是人的思维产生的选择和约定，不过，归根结底，这也是一种自然现象。

晴晴：

过去，把人的思维产物都称为主观，其余的是客观，现在是不是有必要重新定义主观和客观的分界？

大木桶/修理的：

假设：客观性 = 事实性。

事实分为物质事实和元间事实。过去，人们没有区别这两种事实，仅把物质要素体现的元间当作客观的，这种片面性是造成混乱的重要原因。

现在我们可以放心地将元间事实归于客观事实。

对象性、规则性是元间事实或元间客观性的依据。

所谓对象性，是指相对于思考者来说能够被作为思考对象的元间就是客观对象。这种对象性包括两种极端的情形：一种是从思维主体转移出来，成为其他主体共同思考的对象；另一种是在同一个思维主体中，相对于当前的思维立场来说，当下的思维对象是客体，是客观的，但是就他自身来说却是个体的、主观的。

规则的条件性和限制性

晨晨：

规则是怎样发挥作用的？

大木桶/修理的：

因为规则是先出现的一个元间事实、一个势态，就像以物质事实存在的势态一样，对后出现的事实具有限制性和条件性这样双重的作用，也就具有了否定性和肯定性这样双重的意义。例如，小朋友们在地上画了一个圈，约定不准跨越出圈。对于想要出圈的人来说，这是限制性的，是一种否定性的规定；对于不愿出圈甚至想利用这个规则来限制别人的人来说，这就是个可以凭据的有利条件。

规则限定了势态的走向和趋势，同样的规则可以导出基本同样的结果。已经形成的元间势态对于势态所影响的次级元间来说是客观的，反过来说，被元间势态所约束的元间演绎，不能随意更改，也都是客观的。

晴晴：

规则与形而上又有什么关系呢？

大木桶/修理的：

这里所说的规则不是物质的势态，而是一种约定了的元间。比如一个公式，在这个公式里可以代入几乎无穷的数据或变量，能够产生几乎无穷的元间组合，当这些组合没有被实际呈现出来之前，在其还没有成为一种具体的元间存在者时，我们往往相信这个规则之下的所有结果都是可能的，甚至是必然的，因为是已经被规定了的，就像我们相信无限不循环小数的每一个数据一样。我们所相信和期许的这种还没有出现的存在就是一种所谓的形而上的东西。

这还不够，如果把那些我们还没有发现的自然规则，那些还没有来得及去规定的规则都被算作已经存在的规则，由这些规则所规定的一切结果，才是我们心目中最完整的形而上的世界。

晴晴：

那么这些规则相互之间都会是天然和谐、无冲突、无矛盾的吗？

大木桶/修理的：

这个怕是很难。例如，通常 $0 \times 0 = 0$，但是在阶乘数列中规定"$0! = 1$"。

我们的猜想和约定是：无限维联系的元子之境中，有极小的一簇维度被额外展开，形成我们居住的这个宇宙。无穷多的元子就有无穷种组合可能。仅这被展开的一小簇维度里，据霍金（Stephen William Hawking）所估计，有 10^{500} 种排列组合，这个世界通过具体物质所能实现的仅仅是万牛一毛，所以，可以说现实的物理世界已经实际形成的物质与元间也仅仅是无比巨大的可能性世界中微不足道的一小部分。

我们通过与大自然相互作用，从这部分现实世界中抽象、学习、总结所获得的规则，仅仅是这一小部分宇宙范围里微不足道的一小部分元间，但是这部分元间里可能包含与之相关联的更广泛的其他宇宙的元间，利用抽象和推演方法，有可能得到更多、更广泛、更一般的元间。

如果说有一个形而上的世界存在，除了已经实现为具体物质势态的那一小部分外，更多的是潜在的可能性。从我们所勘探过的三个片区所能实际看到的，都只是已经被物化了的具体的元间，只是可能的形而上世界中极其有限的一小部分，更多的是潜在的可能性。

相较受制于物质唯一性限制的第一元间工厂，人和机器共同组成的元间三厂具有稍稍多了一点点儿的自主权，有潜力在"差别与差别者"这个规则之下，生成稍稍多一点点儿的元间组合形式，具体呈现更多的元间形式，探索更广泛的形而上世界。能不能超越"差别和差别者"规则的限制"出圈旅游"，也未可知啊！

无限的元间可能性，有限的物质可能性

晴晴：

是不是可以打这样一个比喻？可能性世界和现实性世界之间的区别，就像是一部小说和作为这部小说题材的现实生活之间的关系。小说可以采用与现实世界完全一样的规则，可以逼真地记述、预言、推演、模拟、再现现实生活，更重要的是可以演绎现实生活中无法实际实现的场景。尽管采用与现实生活中完全相同的规则，但是得到的结局和场面并不必然相同。例如，纯数学运算得出的预言，所能得到的结果种类远远大于现实世界实际实现的种类，现实世界所有实际可以与之重合或实现的，只是这些可能性中很少的一些，更多的是唯一的那一种。

晨晨：

你是说，数学像一部小说？像是以世界为背景的文艺作品？

晴晴：

数学是人编制的一本规则手册和演绎方法。在无限可能性中选取了一些规则，依据这些规则进行推导和演绎。这些规则虽然都是人想出来的，但是，由于与对象世界的同源性，其中很多都取材于第一片区的自然世界，往往具有天然的合理性，具备与自然规则、自然元间天然的契合与一致性。人的大脑中想出来的东西如果正好与大自然的"想法"共鸣，与大自然以另一些方式存在的洪范性元间相一致，那就是"猜对了！"

更多的是用一种人造的规则来近似地描述自然规则，可以把这种描述和类比称作"模型"，但是这并不意味着两者能处处相等、处处重合，模型并不一定能与外在世界或外在环境中的元间一一对应。

大木桶/修理的：

例如，数学中有一个"实无穷"的思想，是指把无限的整体本身作为一个现成的单位，是已经构造完成的东西。换言之，即是把无限对象

看成可以自我完成的过程或无穷整体。按照此观点，所有的自然数可以构成一个集合，因为可以将所有的自然数看作一个完成了的无穷整体。康托的朴素集合论就是建立在实无穷概念基础之上的，把无限看作永远在延伸着的，一种变化着、成长着并不断产生的东西来解释。它永远处在构造中，永远完成不了，是潜在的，而不是实在，把无限看作永远在延伸着的（不断在创造着的永远完成不了的）过程。照此，自然数反而不能构成一个集合，因为这个集合永远也完成不了，它不能构成一个实在的整体，而只能永远都在构造之中。

数学里，构成一条直线的点有无穷个，并且这条直线永远延伸，不会有终结的一天。与此不同，物理世界里，粒子不可能无限小，有普朗克常数在等着呢，最终是量子的。

相比之下，受到物质唯一性的限制，以物质为载体的元间样式和数量的可能性，必定远远小于元间的样式和数量的可能性。以物质方式实现的元间只是整个元间可能性中极小的一部分，两者只能部分重合。

晨晨：

这样，我们就可以不断创造新的模型，一个接一个，一直试下去。

好了，到目前为止，原来设定的三个勘探区都已经搜索一遍了，也该把这三个片区联系在一起，作为完整统一的过程来看待了，我们毕竟只有一个世界。

三个勘探区的比较

晴晴：

这有点像卡尔·波普尔（Sir Karl Raimund Popper）的"三个世界"，我读过《客观知识》这本书。

大木桶/修理的：

对啊，是很像，我受这本书的影响和启示也很多。

将世界分为三个部分来分析的想法古已有之，卡尔·波普尔努力使其成为系统化理论。但是，知其然，还要知其所以然，如果不能明确定义物质和精神，很多概念还会继续黏连在一起，难以厘清；如果不试图解释物质和精神的来源、解释三个世界各自的来源，进而发现一个贯穿于三个世界的统一线索和内在联系，就不可能完成三个世界最后的统一，就远不是一个有机的整体。

晨晨：

还是用老办法吧。对三个勘探区或者三个世界的所有内容进行抽象处理，考察尽可能多已知的元间，努力寻找元间生成的一般机制，试试从一般的元间生成机制中抽象出范畴性元间生成的机制。如此，会有什么结果呢？

大木桶/修理的：

是的，这是一条可能的途径，不过对于古老的问题，不能急。

按照你这个思路，我们已经发现，每个勘探区都是新元间生成的策源地，都是新元间生成的平台和工具。

现在可以回过头来，梳理一下元间在这三个勘探区中的发展历程。

我们把第一勘探区设想为来源于一个无限维联系的世界，由于在"一为无量、无量为一"的世界中，一些维度无法达到"A = A"的理想化，无法容纳最后的差别而被迫展开，重新调整，以期最终消除这最后的差别，可惜它始终做不到，只能在展开、收缩，再展开、再收缩的循环中徘徊。我们的世界只处于某一次展开过程中一个微不足道的片刻之内，在某一小簇被展开的维度里，一个细微的角落里，形成我们这种生物发生和居住的世界。

我们可能会相信这样一个假设：由于普遍的无限维联系，我们这个世界中的每一个可以分辨的颗粒都在另一些多得多的维度中直接联系在一起，或者说还是它自己，并没有太多可以分辨的差别。我们所遇到的差别只是这种几近无限联系、无限均匀状态中的罕见的例外而已，这些例外产生了差别和差别者。差别和差别者的世界只是无限均匀、普遍联系的世界中一个微不足道的例外。

在我们这个世界中，最普遍的现象是差别和差别者。其中，差别的积累形成具体的差别形式，形成元间；其中，有一类差别者充分积累形成物质，如凝聚态物理学所描述的那样，形成物质实体。

晨晨：

等一下——

你说"其中，有一类差别者充分积累形成物质"？那就是说还有其他差别者？这是什么？

大木桶/修理的：

那要注意一下前一句："差别的积累形成具体的差别形式，形成元间"。既然差别形式是由差别积累起来的，差别本身就成了素材，这些素材以一定的方式组成了特定的差别形式。在这种关系中，这里的"差别"实际上也是一种差别者，对吧？

晨晨：

哦，想起来了，你上次说了一个常识，任何物质都是由其他物质组成的。同理，除了极限状态的纯粹差别之外，任何元间也应该都是由其他元间组成的，组成元间的素材性元间本身也是一种差别者，作为差别者参加到新的差别形式之中。这就是你所说的另一种差别者。

不过，你说这种用元间组成的元间也是积累形成的，既然是积累，就是一个过程，这是怎样一个过程？元间生成的过程与物质生成的过程又是怎样的关系，两者的生成史又有怎样的时间顺序关系？

这个地方也该敲一下黑板吧？

大木桶/修理的：

好哇好哇……真不敢再敲了……

这正是元间简史所要完成的更重要的任务，容我徐徐道来。

晨晨：

好吧，请继续三个勘探区的梳理。

大木桶/修理的：

离开元子极限之后的任何物质都是由其他物质组织而成的。

既是组织的，必是结构的。

因此，物质是结构的，结构是物质的。

物质和元间这两种实体形成一种不可分割的对立统一关系。

第一勘探区中，在这个极为有限的定义域里，元间就是物质的本质，形成这个物质的物质势态就是这个物质所遵循的规律和规则。一种现象就是另一种现象的本质，或者说，一种现象是另一种现象的原因和规则。所有现象、原因、元间都是具体的，都是以具体物质为主体的元间现象，并不需要也没有什么实际存在的形而上的超然力量。

由于物质的唯一性，依附在物质载体之上的元间也是唯一的，充其量相互之间只可能有接近极限的相似，并不存在绝对的同一。这个阶段中，物质是元间的，元间是物质的。这就是拒斥形而上学的基本判断和依据。

也正因如此，在此物质世界里，"A = A"除了同义反复外并不真正成立，在这个领域里，拒斥形而上学的"游行示威"随时都可以放心举行，任何哲学"警察"的干涉都属非法。

元间转移现象起源于第一勘探区，却是在三个勘探区中都存在的一般现象。

元间转移是相互作用的必然结果，同理，元间转移的必要条件是相互作用，只有通过相互作用才能把一个物体的元间复制、刻录在另一种物质之上。

第二勘探区中，在生命和人出现之前的自然界中，这种元间转移必然会发生不同程度的畸变，即便是转移之后的元间，也会继续畸变。

这种局面直到生命出现之后才有根本的改观，与对象发生的相互作用从生命物本身过渡到生命物所拥有的感觉器官，从直接的相互作用过渡到间接相互作用。尽管通过间接相互作用获得的元间转移依旧是片面的、部分的、失真的，但它毕竟实现了对这部分元间最大限度的保真，避免了对双方元间的过分扰动。更重要的是，通过神经系统将这部分元间进行符号化处理，实现了元间从具体到抽象的转变，近乎纯粹的抽象元间出现了。

所谓抽象元间有两层含义。一层是相对于元间来源的那个物体，相对那个由具体物质为载体的元间来说是抽象的，是已经被转移到了只依赖于极少量物质载体的相对抽象的元间。另一层是相对于所有元间来说的，这个领域中的元间已经不再必然依赖于一种特定的物质顺序而存在，而是被抽象为可以依任何物质载体存在，甚至趋向于依极限状态的微量物质载体而存在的程度。因此，抽象元间转移发生畸变的可能性大幅度降低，甚至可以小到接近极限程度的漂移和失真度。

另一个重要的进展是实现了对抽象元间的再次抽象。第一次抽象是把元间从特定的物质载体中分离出来，第二次抽象是把元间抽象为不同层次的概念与范畴，抽象为"符号"，形成一个抽象元间体系。概念和范畴已经不可能在对象世界中找出直接一一对应的具体模板了。

元间抽象的革命是第二勘探区的主要成就。

第三勘探区的最显著进展是元间组合能力、演绎和输出能力的出现与发育。

如果一个人所形成的概念系统不与他人、不与对象世界交流，我们就不知道这个人在想什么，就像我们不与对象世界发生相互作用就得不到对象的元间一样。存在的必要前提是处于相互作用之中，不参与相互作用就不能算存在者。

第三勘探区中，主要通过人这种生物，发展出了更先进的元间对外输出和表现能力，特别是他的概念、范畴体系，以及元间演绎成果向外输出的能力。这种输出促进了整个元间世界的发展。

元间输出和交流的媒体是具体的物质载体，是人的元间对外在物质的同化。人把自己元间形式强加于这些物质材料，强制它们依照人的意志而改变，成为人的生理和心理产物的延伸和扩展，人们把这个过程称为"制造"。元间输出能力的发展，使元间制造效率得到飞速提升。

人的制造物改变了第一勘探区，强化了第二勘探区，丰富了第三勘探区，整个自然界被注入一种新的发展机制和动力，大自然通过人实现自我意识的进程也大大加快了。

例如自我意识，这是一个自己思考自己的过程，就是把刚才的、曾经的一个想法作为对象，仔细检讨这个想法是否合理，有什么缺陷，需要哪些修改、调整、斟酌和补充。但是，自我意识并不是仅凭自己的记忆每一次都能精准把握和记忆刚才的想法，都能厘清哪些是刚才的想法、哪些是新的想法，经常会出现思维混乱的情形。只有通过元间输出，将自己过去的想法表达出来，说给别人听，或者记录在纸张、电脑、录音带上，再回放给自己，才会建立起一个更为清晰稳定的自我意识对象和凭据，自我意识才会是高效率的。这就是说，元间输出的成果不仅参与了自我意识过程，而且成为重要的一环。

一个人如此，一个民族、一个社会更是如此。要是有疑问，可以去北京的国子监里看看那些刻写在石碑上的四书五经。

社会的自我意识是大自然自我意识的最重要展现途径和组成部分。

据报道，到 2021 年 8 月，一台超级计算机，历时 108 天，将圆周率 π 计算到小数点后 62.8 万亿位。已经计算出来的，可以称为元间事实，可以说，这使我们和大自然都知道了这个不循环小数至少在这个位数上依然遵守规则。还没有计算出来的就都属于元间可能性，用量子力学的术语说，这是还没有坍缩的不可知的叠加态，用古老的哲学术语说，这还处在"形而上"状态。

没有计算机，仅靠人的大脑和石碑无论如何也做不到这一点，人工智能正在成为一种新的自然力量。

晨晨：

第三勘探区中的"模型"与第一勘探区中的"规则"之间能有多大程度上的一致性？

大木桶/修理的：

第一勘探区是我们的家园，也是我们的来源。奇特之处在于，人们总想了解和认识世界，总想把第一勘探区中的元间包括我们自身的所有元间都转移到我们的大脑中来，总在试图不留纤毫地彻底认识这个世界。即便是最彻底的怀疑论者或不可知论者，也不愿最终放弃这个追求，况且，怀疑论本身就是一种追求。至于人们最终能否实现这个目标，不得而知。事实是，我们总在前进，总在一步步接近目标。至少有一点可以确信，有一个外在于我们的对象世界存在。

有必要再强调一下定义域：第一勘探区的元间是由物质载体具体实

现的元间，在这些维度里，受到了物质唯一性的限制，同一个物质不能在同一时间位于不同的位置，一个物质取一种状态之后，就不能再取另外一种状态；一个物质被一种势态所规定，在这种势态解除和被改变之前，只能维持现状，取迫不得已的元间形式。因此，具体元间的总量受到物质总量的限制，所能构成的具体元间总量是有限的。

所以说，受物质唯一性和势态决定性的双重限制，在这个勘探区里，对象世界的具体元间种类和数量终究是有限的，都仅仅实现了全部可能性中的一小部分。

在第三勘探区里，抽象元间超出了上述限制条件，不受物质唯一性和势态决定性的约束。

在第三勘探区里，大脑要处理的是抽象的极少依托于物质载体的接近纯粹状态的元间实体，已经摆脱了物质唯一性和势态决定性的桎梏，获得了几乎无限的自由，所能生成的元间实体种类和数量理论上应该大于第一勘探区，特别是当人类发明了量子计算机之后，打通了量子尺度内外的界限，能利用更多的维度，有条件生成更多的元间种类和数量，理应远远超过第一勘探区的外在世界才是。

比如，武当山紫霄宫里的"玄天上帝"这个神仙纯属任意创造，没有任何根据，当然也就不可能在对象世界中找到对应的存在者，只在信众所坚持的意念中，只在他们心里，是一个纯粹的元间实体。

来看欧几里得第五公设，平行线永不相交。这是一个标准的推理性元间实体，但是人们经常拿它作为模型去衡量外在世界。一开始这个模型很有效，简直就是真理，后来人们发现，大尺度和微观尺度的现实世界并非如此，于是很多人宣布第五公设被证伪了，真正的世界图景应该是非欧几何所描述的，没过多久非欧几何模型也被发现了缺憾，人们又开始寻找新的替代方案。

实际上，人的元间演绎过程，经常是先设定一个元间规则，也就是一个预设的模型，之后在这个模型中填入要素性元间，进行元间演绎，多数是一个闭环的运行过程，不与外在世界发生干涉。如果与现实世界的元间相比较有相似之处，这其中并没有必然的因果关系，只是雷同而已。一定要找到一个推理的绝对精准的物理意义，不成功的概率更大一些，绝大多数元间演绎都不可能找到严丝合缝的物理对应者。只有与对象世界处于闭环演绎的元间生成过程，依据发现的自然的规则，不断修正我们想象出来的关系性元间，才可能得到与实验相应的元间结果，才能得到外在元间与内在逻辑推演更大程度上吻合的元间实体。这种结果经常能在工程师们举杯庆贺工程验收的时候看到，他们的精确计算与实际实现的伟大工程之间有时会分毫不差。

从这个分析可以看出，大自然通过人实现了新的元间生成模式，而人用元间演绎的方式得出了自然界所没有的元间实体，这个趋势逐渐积累，有可能达到人创造的元间形式种类和数量超过大自然自己产生的元间种类和数量的程度。如此，大自然以具体物质的方式仅仅实现了差别与差别者对立统一洪范之下所有可能性中的一部分，更多内容则是由人和人造的智能主体以抽象演绎方式提出的。

限制大脑和人工智能元间演绎能力的因素是神经元或人造计算单元的数量、运算速度、存储读取速度、记忆稳定性、组网效率和算法等条件，但更重要的却是对运算结果的判断规则，什么运算才是必要、有意义或正确的，这还是个谜。

人对大自然元间的掌握分成两个主要部分，一部分是通过相互作用从大自然中用元间转移的方式直接获取的元间，这部分元间通常被称为经验或实验数据；另一部分是人们自己整理后得到的一般性"理论"或称作"模型"，这些理论或模型大都建立在元间解析和演绎的基础之上。

由于人与大自然的同源性，很多元间演绎实际上是把与大自然的比对作为不可或缺的闭环过程，因此，被选择出的元间有着与大自然元间相当程度的天然的一致性。这些元间常常被用来作为解释世界的试错方案，或者直接被等同为大自然本身的元间。毕竟是试错，这些理论和模型处于一个不断淘汰、刷新、更替的过程，也是逐渐逼近大自然本征元间的过程。

量子尺度不在上述三个定义域里。在量子尺度下，由于可叠加的量子态，一个物质可以同时具有更多的状态，时间和位置的约束被淡化，因此可以形成更多的元间形式，不过受到了展开维度数量的限制。在这些维度中物质的唯一性原理仍然具有不同程度约束力，势态的规定性依然具有不同程度的约束性，所能够构成的元间总量还是有限的，依然远离无限维普遍联系所可能容纳的元间可能性边界。

晨晨：

你是说，所有的科学理论都只是模型，不一定就是对象本身？

大木桶/修理的：

是啊！

只不过是相似度大小的差异罢了。

自然规律从何而来？

晨晨：

勘探了三个片区，至今没有看到任何储存着一套世界程序的书橱和硬盘，没有找到一个数据库，更没有发现上帝或者某种其他神仙或造物主。尽管整个知识界无论是科学家、哲学家、神学家，还是工程师都笃信自然规律是固有的，但劝说大家相信世界出现之前就存在一套文本性规则的实在论还没有足够的证据。

那么我的勘探报告第一句是不是应该这样写：

自然规律不是世界以外的东西，而是一种自然现象，是伴随世界的生成和成长一同生成与成长的元间实体？

晴晴：

如果这样写，诸如欧拉提出的自然常数 e 这样的元间实体，算是发明还是发现？这个也是伴随世界的生成过程才产生的吗？

大木桶/修理的：

还是先要把发明和发现的关系理顺。

发现和发明都是人的主动行为，在成功之前并无二致，只能从成果角度看出区别。把人编辑创作的元间实体成果与自然势态做一个比较，自然势态中已经有的、人的工作只是重复或者近似重复自然的部分属于发现，其余部分属于发明。

从纯粹元间角度看，这世界拥有无穷的可能性，有理由把这些可能性都作为已经存在的"实无穷"。既然是无穷的可能性，当然也就不能最后排除有一个形而上的世界，不能最后排除有一套事先编辑好的程序和规则存在的可能性。

我们生活着的这个世界是从纯粹差别和纯粹差别者的最初起点开始发端的一个演变过程。这个过程中，自然势态只是被物化了的无穷可能性之中的一小部分可能性，更可能被作为发明或发现对象的元间以潜在的、形而上的方式"存在"。

在物质世界中，直接发现是一种元间转移。某种意义上元间转移的过程首先是测量和复制，测量和复制的必要条件都是相互作用，是一个从对象获取元间的过程。受物质唯一性的限制，如果对象的物质量极少，少到接近极限，物质与元间还没有充分分化，获取元间的过程同时就是在获取对象处于极限附近的物质，就会干扰或破坏对象原有的元间状态，用时髦的术语讲，就会造成对象"坍缩"。所谓坍缩就是放弃了原先拥有的无限可能性，变成或仅剩下当下某种确定的元间形式。

从多维度立场看，测量和复制是干涉，干涉就是相互作用。既是相互作用，就会有出发点，有立场，是谁对谁的、谁与谁之间的相互作用。维度是对于对象的定义，定义也是干涉，也会造成对象坍缩。

从叠加态概念看，发现和发明等价，因为发现的实质是把隐蔽的客观事实揭示出来；发明的实质也是把潜在的可能性凸显出来，两种方式都是凸显。一旦被凸显，叠加态就坍缩了，就成了一种不再叠加的相对确定的状态，或称为"本征态"。

纯粹的无条件的发明则是在无限可能的世界里提出或创造一个新的关系性元间实体，一旦这个元间被提出就形成一种规定。在这个规定之下，无数的其他可能性被否决，被坍缩，形成一个新的形而上的格局，每一个规则都意味着一个新世界一个新实体的诞生。但是，受到已经存在了的自然势态的约束，实际上的发明都不纯粹，就像从一块石头中挖出一尊雕像一样，具有无限的可能性，都只能以现有势态为出发点，都要以不同程度的物质实体为载体，都受到现有元间和自然规律的限制。

如物质的唯一性也是坍缩的结果，也是从无限可能性世界中坍缩成的一种个别的状态。

因此，目前，在量子尺度上的发现和测量只能是间接的，不可避免地加进"发明"和推理的成分。

神秘的第○号片区

晨晨：

那么"坍缩""叠加态"这些概念算是哪个勘探区、哪个世界的东西啊？前面三个勘探区里可没有这样的啊。或许是除了上面的三个勘探区之外，我们还没有到过的地方，是不是又越界了？

大木桶/修理的：

因为我们始终相信自然和自然规律都是在一个发育过程中生成的，是一个时间顺序，都有历史可言，所以，就可以定义一个起点和一个终点，这两点之间就是这一次讨论的定义域。回顾前面一起勘察过的三个片区，勘察的起点位置是"物质与元间的世界"的起点，这个起点的标志是物质与元间的对立统一成为基本的存在者和基本的存在方式，是这样的吧？

晨晨：

好吧，既然有了新的用场，有必要复述这个起点。其实前面我并没有完全懂得，有必要重温一下前面关于物质与元间分化过程的讨论：

根据"一为无量，无量为一"的模型，理想的元子是纯粹差别和纯粹差别者的直接同一，如果说它们是可区分的，那也是处在无限维的普遍的联系之中。由于某种不明的原因，残存了无法消除的最后差别，迫使某些维度以大爆炸的方式将这些残存差别在一小簇维度中重新具体化。因此，差别和差别者都脱离了纯粹状态，变成具体的差别与差别者。这些差别和差别者各自又被分别积累，进一步生成一些差别与差别者的对立统一体。这种对立统一关系是不均匀的，也就是说，一个积累者，它的差别性和差别者性两者是不对称的，对立统一关系是不对称的，每一个维度的展开都有相对程度上的差别。这种不对称性高度积累，就会生成偏重于差别性的对立统一体和更偏重于差别者性的对立统一体。其中，前者形成诸如能量、时间、空间、力、相互作用、状态、结构等元间实体；后者生成"物质"这种差别者性被高度积累了的对立统一体。

晴晴：

这很重要吗？

大木桶/修理的：

是，这是个要点，前面勘探过的三个片区都属于物质与元间对立统一的世界。

无论怀疑还是确信物质也是生成的，都很难在这三个勘探区中找到原因，因为原因本就不在这三个勘探区中，而是可能在物质与元间还没有充分分化、物质和元间都还没有最终形成的区域里，这个区域可称作"第○片区"。

晨晨：

这就是说，物质和元间都是生成的，都有一个生成过程，这个历史阶段可以被单独作为一个勘探区看待？

晴晴：

这是天马行空的猜想呢，还是有什么物理事实的影子？

大木桶/修理的：

都知道量子物理学中那张作为标准模型的粒子列表吧。粒子被分为费米子和玻色子两大类，其中，费米子被称为组成物质的基本粒子，玻色子被称为传递作用力的基本粒子。

不妨这样来类比一下：费米子偏重于物质性，玻色子偏重于元间性，虽然两者各自本身又都是物质与元间的对立统一体，但是已经接近了对立统一的边缘。反过来说，刚刚形成物质与元间的分化，刚刚积累成为相对独立性质的实体，刚刚越过了作为对立统一体的合格线。

费米子的显著特点是遵循泡利不相容原理，在费米子系列中，不能有两个或两个以上的粒子处于完全相同的状态，或许由于这个原因，物质唯一性假说才成立。玻色子可以不顾及这些，这也许是元间可同一性的原因之一。

晨晨：

那么，这张表属于哪个勘探区？是第〇还是第一？

大木桶/修理的：

我觉得这应该属于第〇和第一勘探区之间的边境地区，给人的印象是，物质和元间各自的分化和积累都不是很充分，而且边界也不十分森严。

物质只是这次分化形成的众多实体中的一个积累者，还有时间、空间、能量、力、状态、势态、结构、相互作用、关系、结构等，多是些更偏重于元间的对立统一体。这些实体的差别者也可以是元间自己，这些实体的差别就是作为差别者的元间之间的差别，元间本身也分化成了差别和差别者。

至于那张辉煌列表之前的历史，目前谁也不知道，甚至连第〇号勘探区是否存在也不得而知，所能有的只是期待和憧憬。盼望研究这些实体生成过程的理论和实验早日出现，咱们也好搭便车去第〇号勘探区看看，警幻仙子的神秘书橱会不会藏在那儿。

晴晴：

言下之意，您是想追究最基本粒子生成的历史，而物理学家们至今还都对此保持缄默。他们主张，这个领域中时间不存在，历史是可以任意选择的，甚至存在依赖于我们的意识……

晨晨：

不知"叠加态"这个新概念对探索粒子生成有帮助吗？

大木桶/修理的：

生成是一种创造，叠加态只能说明创造的速率和状态，不能解释创造本身；另外，"生成"就是历史，没有次序的差别就不能说明"生成"。

晴晴：

那么平行宇宙理论是不是有助于问题的解决？

大木桶/修理的：

试幻想一下，假如由于纠缠效应，我们把世界规则的来源归结于另一个世界，一个远远超过我们科技水平的世界，我们现有的一切规则在他们那里早已是些现成的条文和程序，已经存储在一个巨大的硬盘中，就像人类所有文档都已经电子化一样。我们终于可以心安理得地说，自然规律都是固有的，过去种种依靠随机变异加自然选择的理论无论如何都说不通的问题，诸如精巧无比的虹膜、晶体、视网膜是怎样偶然碰巧生成的，都迎刃而解了。

可是问题并没有真正解决啊！即便我们被另一个更先进的文明世界收编和领养，或者那就是我们的发祥之地，是我们的老家，知道了这套宪法和洪范出自哪个数据库，地球不过是人家的一个菜园子，但是时间长了就会生疑，情不自禁地追问，在"老板"的超凡世界里，在他们的数据库里，元间实体从何而来？谁才是最终的造物主？

问题还是回到原地。

晴晴：

是啊，设身处地想，如果有另一个不如我们发达的世界，那里的生命体也会把我们当作他们的造物主，也会出现"客观唯心主义和主观唯心主义"的争论。就像大坝上的一群蚂蚁，很快就发现了规则性，蚁群中的哲学爱好者中有的说这些规则是固有的，和自己的感觉无关；有些则认为，那只是自己的幻觉。它们也有权追问，作为主宰者的人制定规则的权限和能力究竟有多大？

大木桶/修理的：

人这种智能生物的产生，标志着已知世界开始具有自我意识能力，具有了新元间的生成能力，具有了把一些可能的规则显现为一种元间实体的能力，具有了一定程度的发现、发明新元间实体的能力。随着这种能力的不断发展，特别是人工智能的加持，人开始有能力将我们用元间组合能力创造的元间实体更多地物化为具体的物质实体。说来也是巧，人们想象中的神仙都是拟人化的。

从地球人的角度看，人如果借助纠缠，借助普遍联系中的更多维度的资源或许会有更强的创造性，可以制定更多的规则，把更多的元间物化为物理事实，加速大自然本身自我意识发展的进程，这一切都才刚刚开始。我总觉得，也许很快，我们能创造的规则会多于自然界现有的规则，能创造的物种会比现有全部的加上已灭绝的所有物种多出很多倍。

在自我意识产生的历程中，至少发现了一条通过进化就能产生自我意识的途径。看来，并不必然依赖一个假定中的神化了的造物主，沿着这条路径，我们自己也能或者已经进化成造物主。

可以依据这个逻辑去推想制造我们的那位"造物主"，即便有一天，有证据表明我们世界的规则来源于另一个世界，确认另一个世界就是我们世界的"造物主"，依然有理由去追究那个"造物主"的出身，追究它的进化史，这个"造物主"也有义务像我们一样，接受尽职调查，至少填写一张履历表。

晴晴：

好吧，连"造物主"也都要交代历史问题，"叠加态""平行宇宙"这些也不能解释粒子的生成，也不能解释形而上的来历。

您的自然规律起源于自然演化本身的判断应该归结为一种"势态决定论"，也就是"历史决定论"，是这样的吗？

势态决定论

大木桶/修理的：

没错，势态决定论也就是历史决定论。

晴晴：

那问题来了，在您假定的第〇号勘探区里，时间也是产生出来的，这就是说时间也有历史，历史的历史，又会是一个同义反复，又一个恶无限式的无穷追索吗？

大木桶/修理的：

你们一定看过霍金写的《时间简史》，他把时间的历史定义在以大爆炸为标志的起点和以黑洞为标志的终点之间，这个区间是时间的历史有意义的定义域。"暴涨模型"认为，宇宙在开始的一瞬间以加速度膨胀，在远远小于 1 秒钟的时间里宇宙的半径增大了 100 万亿亿亿倍。

与之不同，这里要讨论的是：时间的历史，历史的历史，其定义域应该在这"远远小于 1 秒钟"之前的范围内。于是我们要问：时间生成过程的中间状态，它都经历了什么？

还是发挥一下我们可怜的想象力吧。

在"一为无量，无量为一"的模型里，一个元子就是全部的元子，全部元子就是同一个元子。当系统出现初始差别，对称和平衡被破坏，某些元子稍稍具有多于或少于其他元子任何性质的差别"时"，这个无限均衡的局面就出现了破缺，出现了不守恒，就会崩溃，两种状态交替，就意味着时间的产生，交替过程就是时间过程，交替的形式就是时间过程的形式。所以，这个定义域中所谓的时间及其生成时的形式与差别高度积累之后的形式是不同的。用大白话说：这是两种不同的时间，至少是两种尺度相差极大的时间，恐怕远不是快和慢、前与后的差异这么容易形容。我们更关心的是这种转换的过程，如果有过程的话；还关心的是每次转换的状态，如果有状态可言的话。假如，由于元子之间的普遍联系，一个元子的变化使得所有元子立即响应，这没有次序差，也就没有时间差；假如，试图在仅仅被展开的极个别的一小簇维度元子之间产生次序差，这种差别就必须以几乎整个宇宙的牵动为代价，这样，次序差也是能量差。因此第〇号勘探区的时间与其他勘探区的时间是不等价的，应该不是一种性质的时间。在我们的生活中，时间差和能量差已经分化为不同的元间实体，时间差中含有的能量差早已微不可测了。

把上述的转变作为一个过程来看待，也就是这些范畴性的实体不断变化性质、不断演化、不断生成的历史，这其中，每个可分辨的阶段都会有重大的区别和特点。

晴晴：

怎么看待费因曼（Richard Phillips Feynman）的"历史求和"或"可择历史"学说？

大木桶：

看起来一个粒子从电子枪出发还没有到达靶屏幕之前，似乎就预先知道了将要途经的双缝中哪一个是开着的。有一种解释是，粒子在没有到达靶屏幕之前，已经把所有可能的路径都走了一遍，包括那唯一开着的缝隙，以及返回电子枪的路径，往返多次，实际到达靶屏幕的正是所有这些路径的概率之和。这意味着，每一条路径各自的时间和所描述的概率之和所体现的时间不是一种时间，有人把这称作"虚时间"。用我们的猜测，虚时间是另一些维度中的时间，这并没有颠覆目前维度中时间的次序性本质。

晨晨：

那么通过修改历史的方式来修改现在就做不到了？

大木桶/修理的：

其实，这种说法是将不同维度或片区的时间当作了等价的相同性质的时间来看待。站在现有的时间里，站在现有的物质与元间的世界里去改变过去的历史，去改变时间还没有充分展开的阶段中元子世界的历史，所要面临的最起码障碍是一个由极大能量差构成的势垒，无法逾越。

所以无须担心有人能通过私下篡改历史的方式改变你 10 年前高考的分数，致使去年的博士学位无效，就像现在没人能阻止当年的杜甫吃下那块导致他腹泻进而丧命的牛肉一样。依然可以相信，时间不可逆，次序不会乱，至少在宏观世界，历史决定论依然有效，因果规律依然有效。

晨晨：

既然追问"生成"，实际上就是先追究从无到有，再追究从无到有的具体过程，就是寻求"存在"的极限和起源，准确地说，追问"生成"就是寻求"有""是""在"从重叠走向分化的起始点，去深究这个演变过程，前提是，如果有过程的话。那么，这个可能的过程是可能描述的吗？

大木桶/修理的：

试试看吧。

还是从"一为无量，无量为一"的元子模型出发。

如果所有元子都无差别，就只有一个元子，连最抽象的"有、是、在……"都无从谈起，而差别是使这世界有意义的唯一原因，也是这世界的起点。

离开了起点，最初生成的，从纯粹差别与纯粹差别者的重叠向具体差别的过渡，是差别分化为差别和差别者，于是就有了"有"，有了具体的"有"；由于具体的差别和具体的差别者之间的区别，就有了差别的形式，也就有了"是"；由于有了"由于"，生成因果关系，生成先后次序，时间和相对位置或关系也就生成了，就有了"在"，至此，"存在"的要素就具足了。

不过，这些要素都还不是可以单独成立的实体，是相互依存甚至是叠加态的，还没有充分的分化，更没有积累，每个分化出来的元子依然处在相对均等且稍有差异的相互关联中，只不过是在某些维度上展现出更多或更少的不均匀，变得有了些许可以区别的特点，这些差别是通过不均匀的相互关系实现的。所以，具体差别和具体差别者最初的存在条件是：处在无限维联系的某个不均匀局部之中。

如果普遍联系是绝对均匀的，相互之间就不会有作用和作用力出现，只有不均匀的元子之间才会有相互作用。

如果具体差别和具体差别者存在的条件是处在无限维联系的某个不均匀局部之中，那么，所谓存在，就是产生于、生成于不均匀的元子相互之间的相互作用之中。

根据这个演绎，可以推出一个关于"存在"和"存在者"的定义：以特定的形式处于相互作用中的差别和差别者是存在者，存在者的存在就是存在。

这个定义的主体是差别和差别者；"特定的形式"是主体的"是其所是"；"处于相互作用之中"是主体的"在其所在"；上述三项是主体的"有其所有"。

感知即是存在

晴晴：
  如此说来，
  存在的前提是相互作用，
  元间转移的前提也是相互作用，
  那么，感知也是一种元间转移，
  因此，"感知即是存在"……
  呵呵？

大木桶：
  "感知即是存在"是一个被极端化了的表达，不过，你这段推理没大毛病。但是，不要忘了，感知仅仅是所有相互作用中微不足道的一种，而存在所涉及的相互作用数不胜数，整个世界是无限维联系的，世界因相互作用而存在。

  在这个前提内，有两个具体的条件。

  其一，存在是普遍联系的相互作用，感知往往仅涉及普遍相互作用中的一些局部。感知能够多大程度上等同于存在，取决于感知者所在的范围与对象所在的范围是部分重合还是完全重合。

  其二，感知者能否通过感知过程决定对象的存在和状态。对象与传感器之间的能级差决定了感知对于对象的影响力，决定了元间转移的信噪比。假如观察者与被观察者相互之间的能级差是从 0 到 1 之间的一个特定值，双方对于对方的影响力也就在这个区间里，双方势力的对比决定了感知者能否通过感知过程决定对象的存在或者影响对象原有的性质，能否改变对象的"是其所是"。所谓"感知即是存在"应该是感知作用接近或优于对象能级，双方力量对比为 1 时的一种特殊结果。

存在与相互作用

晨晨：

我理解，"存在本身"作为一个可能的实体，可能仅仅存在于世界脱离绝对均匀开始走向具体化的关节点之前。一旦离开这个关节点，所有的元子在特定维度上实现了具体化，实现了"有其所有""是其所是""在其所在"，都成了具体的存在者，这时"存在本身"就失去了本来的实质，就像"白马非马"故事中的"马"一样，蜕变成一个概念和名称，仅仅是一个用来概括存在者存在的术语。

如果有可能穿越到1926年之前的话，不妨建议《存在与时间》的作者，试试前往存在本身出现之前的第〇号勘探区去寻找存在本身的萌芽，时间的起源之地当然也就是存在的起源之地。

晴晴：

赞成！

第〇号勘探区是所有范畴的出生地，我也能敲一下黑板吗？

那时候，所有的范畴都还没有分化，叫作"存在""时间""世界""作用"……或者此外任何名称都是一样的。

之所以提出这个建议，是因为《存在与时间》的命题本身就隐喻了试图将存在描述为一个时间的、过程的、历史的初衷。

晨晨：

既然用"以特定的元间处于相互作用之中"来定义存在者，就有义务说明这个定义的合理性。

大木桶/修理的：

从相互作用生成的萌芽开始，元子和元子之间的关系开始具体化，新的元子之间的关系逐渐积累，越趋丰富，直至高度积累、高度分化，出现了构成物质的费米子粒子和构成粒子之间关系执行者的玻色子这两类存在者,以及作为这些存在者形式的势态、能量、时空、结构、关系,特别是对立统一关系等具体的关系形式;进一步,形成物质和元间这样处于对立统一关系中的两大类存在者。

处于相互作用之中的主体就是存在者。对此,最明显符合这个条件的是物质实体,之后是物质实体之间的关系,诸如势态、能量、时空、力、相互作用这些元间实体,这些都是存在者,都作为存在者存在。

晨晨:

不太明显符合上述标准的是那些仅仅依托少量物质的元间,例如一个思想、理论、猜想、梦境、概念、幻觉,甚至计算机里的一段偶然生成的错误编码……实现这些元间实体的物质载体与这些元间实体的内容之间的关系越来越淡漠,几乎变得毫无关联,随着这类元间所占用的物质量在不断减少,甚至减少到接近极限将要消失的程度,以至于不太敢理直气壮直接把这些将要变成纯粹元间的对象称作原来"物质的元间"意义上的元间实体了。

这里会产生一个疑问,是否可能有两种不同的"相互作用"?比如,物质实体之间的相互作用和元间实体之间的相互作用以及这两者之间的交叉作用。

大木桶/修理的:

一种是我们已经接受了的,承载这些元间实体的物质之间的相互作用,原来意义上的相互作用。这种相互作用的内容与元间实体的内容没有直接关系,但是能间接改变元间实体的内容,不仅能毫无章法地修改元间实体的数据,甚至可以无条件地销毁和遗失自己所承载的元间实体。例如,全世界的医生加在一起都不能保证霍金病重时逻辑思维是否正常,更挽救不了他的生命,一个伟大的头脑不得不停止思考,一个积累了76年的数据库就这样消失了,无数元间就此烟消云散。基因变异其实也是由于载体的境遇致使所承载的元间实体发生了数据修改,修改的原因与数据的逻辑内容本身无关。对元间实体来说,这种修改是随机的,是命运。

纯粹元间实体相互之间的相互作用

大木桶/修理的：

记得我们前面说过的"任何元间也应该是由其他元间组成的"这个假设吧？

另一种猜测是，元间实体之间可能有的会直接的"相互作用"，与载体物质无关的另一种相互作用，元间实体依据这种相互作用成为存在者。

纯粹元间实体相互之间能发生相互作用吗？力与力之间能直接发生相互作用吗？

否定的理由是：纯粹元间只存在于元子世界，无差别的世界，纯粹元间本身也是没有内容的，也就无所谓相互作用。一切有意义的元间实体都必须以物质或者其他差别者作为差别的实现者。

肯定的理由是：与加速器里两束电子的碰撞相似，我们每天也在进行思想的碰撞，每时每刻都在把一个概念和另一个概念进行比较，一个梦境也能给人深刻的启发，生成新的元间实体，这就是元间实体之间的相互作用，与物质之间相互作用截然不同的另一种"相互作用"。

晨晨：

固然，第一号勘探区之后的领域是一个物质与元间对立统一的世界，物质和元间各自都可能趋于无限大或无限小，但是都不能实际上脱离对方而单独存在。不依赖相互作用的存在者就不是存在者。在这个领域里，没有物质的元间和没有元间的物质都不能作为存在者。

但是，在物质与元间还没有分化的第〇号勘探区中，再加上物质与元间仅仅初步分化的〇号边界线附近，情况就不同了。元间和物质还没有分化，空间和时间的分化也还没有完成，但这个领域中，元间之间的相互作用并不是不可想象。

这就意味着，可能会有一种近乎纯粹的元间实体有资格作为存在者。

晴晴：

我也觉得这个可能性还是有的，至少可以尝试用来解释粒子间的"纠缠"现象。

所谓"纠缠"是一种已经建立起来的联系，是状态的传递。如果说"纠缠"是元间的转移，那也是不经过物质载体实现的相互作用，是不经过物质载体实现了元间传递。因为把物质加速到超光速，至少目前还很困难，似乎要花费无穷大的能量，但是通过纠缠的元间传递已经实现了。

这表明，容许有一种不依赖于物质载体的相互作用，容许有几乎纯粹的元间实体作为存在者，元间实体之间可以有相互作用。

这也就突破了物质与元间对立统一的界限。

不是吗？

大木桶/修理的：

哈哈！两位小姐姐也真敢想，这一回可足够上帝笑个前仰后合啦……

不过，"纠缠"现象可以用多维空间来解释，或许纠缠者之间并没有位置和时间的差异，本就是一体的，不需要传递呢？至于空间转化的过程算不算是相互作用，还未可知。但是作为一种可能性也无不可，谁让可能性是无穷多的呢？

既然如此，不妨提一个建议，把我们常识中的物质之间的相互作用命名为"第一类相互作用"，把我们想象和猜测中的元间与元间之间的相互作用称作"第二类相互作用"。

元间实体的存在性

晴晴：

还是回到我们刚才的话题：元间实体的存在性。

可以确定的是，以物质为载体的元间实体是合法稳妥的存在者；以极限状态的微量物质为载体的元间实体也还依然具有存在者的资格；甚至可以想象把这个原则进一步淡化，仅残余一点点物质味道，还没有来得及成为物质的元间也能发给它存在者资格证书。

苦苦追寻的形而上世界

晴晴：

只要还有物质因素，就属于形而下的领域，难道存在者只能处于形而下的境地？

我们目标是探寻完全没有任何物质依托和残迹的纯粹元间，寻找所谓"第二类相互作用"，这才是我们苦苦追求的所谓形而上的世界。

我们有希望看到这个世界吗？

大木桶：

通过上面的讨论，可以发现，如果逐步减少元间对于物质载体的依赖，当减少到某个极限位置的时候，在物质与元间的实体将要解体还未消失的转折点附近，会出现无限接近纯粹元间的极限状态。

这个状态也正好就是元子世界模型中刚刚展开的无限维状态。这个世界中有无限的可能性，既然是无限可能，憧憬中的形而上世界也可以被包含其中，可算是无限可能中的一种可能性吧。

晴晴：

呵呵……无限可能……还是一张空头支票啊。

大木桶/修理的：

很抱歉，这恐怕已经接近我们这几个人现有思维能力的极限。

无限可能中包含了无限不可能性，只能是一个空寂的状态。如果有形而上世界的话，这个世界应该处于刚刚脱离寂灭，初始差别刚刚开始发作，且物质和元间都还没有来得及生成的这个窗口区里。在刚刚展开来的无限维世界里，当然，也只能是一个无限简单的世界。

晴晴：

还有两个百思不得其解的问题。

如您所说，很多纯的元间不是由发育史形成的，而是偶然出现的，更多是任意提出的。但要紧的是，很多很多元间实体一经提出就具有约束性和规定性，就具有了很深远的规定性，而且这种元间势态的影响力大到不可思议，就像算到64亿位的π还在坚持自己的无限不循环立场那样。这就意味着，元间，纯粹的元间也能形成势态。

从规模和总量上比较，物质世界所能实现的规则，所能通过物质形式实际实施的元间，只是形而上世界所有资源中极其微小的一部分，仅仅是一个罕见的特例。

这就让人不得不生疑。

难怪几千年过去了，还是要纠结，始终在反复追问：

（1）形而上世界是不是一个早就编辑好了的程序？是不是真的存在一个形而上的世界？

（2）纯粹形而上凭什么具有不可置疑的规定性？

大木桶/修理的：

很遗憾，这也是我百思不得其解的问题，我这样安慰自己：

（1）势态决定论可以解释物质与元间对立统一世界中的具体元间产生的原因；我们还没有找到传说中的形而上世界，它还隐藏在无限的可能性中。在没有获得充分、合理的推理和证据之前，还无法把可能世界归结为存在世界，或许这是个"虚世界"。

（2）纯粹元间势态的规定性及其根据，这是不是一个问题，也还在纠结中。

看来这些问题只能留给那些聪明人去解决啦。

晴晴：

看来勘探队屡战屡败，终究还是避免不了铩羽而归的结局，也难怪很多人都抱怨"哲学死了"。

晨晨：

没有理由笃定形而上世界就一定存在，否定性的勘探结果也是成果，多打一些勘探孔也好啊!

晴晴:

好哇好哇!

聊以自慰吧……还有其他出路吗?

基于模型的认识论和实在论

晨晨:

霍金举起的"基于模型的实在论"火炬能照亮新的突破点吗?

大木桶/修理的:

这里有"模型"和"实在"两个关键词。

模型当然是人造的,无论其素材来源于何处,最终都出自人的思想。所有人的意识和行为,甚至于人的全部精神生活和物质生活,都被认为是基于一系列事先假定好的模型,因为我们对世界的认识都是通过模型逐步实现的,对世界的认识实际上就是一个模型建造和修改的过程。模型不仅是一个认识世界的途径、工具和载体,还是人创造的一个重要成果。

所以,这可以称作"基于模型的认识论"。

晴晴:

然而,霍金说的是"基于模型的实在论"。那就有必要厘清模型与实在的关系。

通常意义上的实在,是指外在于人的对象世界的存在,特别是指对象世界的自然规律,无论这种规律是一种形而上的存在还是依据具体物质的存在。

通常意义的模型是一种人造的元间实体,是人对自然的理解。

基于模型的实在论,除了通过模型认识世界这一层意思之外,还蕴含着模型决定实在的意思,这是引起争议的核心。

你怎样开解这个问题?

元间实在 1 与元间实在 2

大木桶：

我们生活着的这个世界里，自然规律是一种以物质为主要表现形式的具体的元间势态，而模型作为实体，是以另外一些微量物质为载体间接、复制、模仿、模拟前者的一系列元间实体。

和那些不依赖于我们的存在而存在的其他存在者一样，模型虽然是人造的元间实体，但一经产生就具有了存在者的资格，一经产生就脱离了可能性，从可能变成事实，一种元间事实，成为世界的一部分。因此，模型是实体，模型是存在者，已经成为实在者。

可以把自然和自然的规律与人造的模型分别简称为"元间实在 1"和"元间实在 2"。

因为创造"元间实在 2"的人本身属于大自然，所以，这两者都属于大自然本身，两者出身平等、资格平等，都持有存在者王国的绿卡，只不过登记的日期有先后之别罢了。从这个角度说，"基于模型的实在论"等同于"基于模型的认识论"，估计大家意见会较为一致。单从实在性角度出发，两者区别不大。

然而，"元间实在 1"的生成和演化是一个自然过程，是以物质和物质势态为突出因素的演变过程；"元间实在 2"是人脑的思维过程与结果，是以微量物质为载体，以元间势态为突出因素的演绎过程。这是两种实在，生成和操作这两种实在的主体不同。

如何处理这两种实体相互之间的关系，是哲学爱好者经常争论的一个焦点。有两种极端的立场：

一是主张两者绝对同一，物即我，我即物，天人合一；

二是两者绝对不同。

后者又有两个极端的立场。

其一是站在"元间实在 1"的立场上怀疑"元间实在 2"，诸如：模型是可能的吗？模型的逼真度如何？是否只能无限逼近却永远达不到真相？

其二是站在"元间实在2"的立场上怀疑"元间实在1"，诸如：这世界只是我们的认识表象，并非真实存在，认识即存在。

这些问题可以尝试从这两种实体不同的相互作用的角度来进行讨论，也就是"第一类相互作用"和"第二类相互作用"以及这两者之间的相互作用的角度来看待这些古老的问题。

元间转移是一个相互作用过程，相互作用必然造成双方的改变。你看一眼太阳，不会对太阳造成多大的扰动，但是，一个演员的表演，显然会受到观众眼神儿和情绪的影响，测量一个电子的轨迹必然会破坏它的状态。所以，挑战实在论的根据大多来自微观物理学和心理学之类元间因素突出的领域，因为观察过程能影响被观察对象的现象是确定的事实，且时时刻刻都在发生。

人的认识素材来源于与物质世界的相互作用，来源于对外在世界的元间转移；元间素材被转移到人脑之后又被层层分解，抽象成概念和范畴以及各种元间要素；人脑又将这些要素进行元间演绎和组合，产生了各种模型，生成对世界的认识；根据模型，人对外在世界实行反作用，不仅校对了模型，同时改变了世界。

模型改变世界？

晴晴：

人能够在多大程度上改变世界，"元间实在2"能够在多大程度上改变"元间实在1"？

大木桶/修理的：

人可以改变自然，这一点没有多少人怀疑。古人云："人之力，有可以夺天地造化者，如冬起雷，夏造冰。"（《关尹子·七釜》）估计古人还做不到"冬起雷"，古代倒是真有一种可以用沸水治冰的技术。

晨晨：

有人会说，这只是利用自然规律，并不是改变自然规律啊。

大木桶/修理的：

自然规律并不是抽象的信条，而是具体的物质势态，是一个层次物质势态制约另一层次的物质势态，是物质现象相互的规定和推动。改变了自然现象就改变了自然规则。掌握了哪个层次的模型，就一定程度上掌握了这个层次的势态，只要具备了这个层次的势力，就能改变这个层次的自然势态，就能改变这个层次的自然规律，就能创造出新的规则和势态。这种人造的势态与自然势态具有同等效力，属于新的自然规律。

我们这个世界里，所有的自然势态都是物质与元间的对立统一体，都是差别和差别者的对立统一体。但是，这种对立统一关系有物质成分极大、元间成分极小和元间成分极大、物质成分极小这两种极端的情形。

前面说的"元间实在2"属于"元间成分极大、物质成分极小"的这种极端状态；"元间实在1"通常是物质成分极大、元间成分较小的自然势态。因此，"元间实在2"并无力与"元间实在1"发生直接的相互作用，也不可能经常直接造成对象的实质性改变。两者之间有意义的相互作用通常是间接的。"元间实在2"通过对人和机器的元间操作，控制极大的物质和能量，才能改变"元间实在1"，而"元间实在1"对于"元间实在2"的改变却是间接、盲目、偶然的，"元间实在1"并不能直接精准理解和改变"元间实在2"的内容，除非在两者物质势态能级差距很小的特殊场合。

晨晨：

这些已经知道了，这和霍金的基于模型的实在论有什么关系？

大木桶/修理的：

"元间实在2"是以极少物质量为依托的元间实体，如果"元间实在1"的物质量也急剧减少，减少到极限状态，减少到物质和元间的区别趋近于消失，只具有差别和差别者的意义，这时，"元间实在2"和"元间实在1"的性质是不是很接近呢？

晨晨、晴晴：

是有点像了！这是不是意味着基于模型的认识论和基于模型的实在论开始接近了？

大木桶/修理的：

是有点这个意思了。

当观察、测量开始严重影响物理对象的本征状态，两个过程将融为一体，成为一个新的过程，成为一个迥异于双方的新实体，不仅元间转移发展成元间改变，也发展成物质转移，两者之间就没有了明确的界限。基于元间转移的认识和意识对于对象世界的影响开始变得不可忽略，同样，物质过程也会影响到元间过程，以此为基础的模型也就会干涉实在，形成相互干涉，双方都成了对方特定状态出现和成立的必要条件。

认识和实在也仅在这种极端条件下开始逐渐趋向成为同一个问题，也因此，基于模型的认识论和基于模型的实在论也才有相似性可言。也就是说，只有在这种条件下，人的思维过程作为一个物理过程或者以模型为特征的物理过程，才会有与大自然的实在发生直接相互作用的可能。

因此，在且仅在接近极限的特殊状态下，认识过程与实在之间相互的直接影响才成为可能。

晨晨：

有了！

我悟出了一个道理：典型的"第二类相互作用"是在大脑之类的智能主体中实现的，这种相互作用最基本的形式就是元间比较，就是基于元间比较的抽象和元间组合、元间演绎。我们并没有走出多远！

修理的、晴晴：

点赞！

所以，第二类相互作用是第一类相互作用发展到一定阶段才出现的新的自然现象。

向何处去

娘子：

　　仰望星空的人们——开饭啦！——

晨晨、晴晴：

　　来了，来了！

　　哇，好丰盛！谢谢妈妈！

吃饭与活着

晨晨：

　　我们为什么要吃饭呢？而且必须天天都吃？

晴晴：

　　为了活着呗。

　　你接下来的问题就该是"那活着又为了什么？"是吧？

　　哈哈……

　　记得很多哲人都说过同一句名言，"他们活着是为了吃饭，我吃饭是为了活着"，可惜，他们也都没有具体说清楚自己活着是为了什么。到头来，还是吃饭更实在些。大木桶，你说说看呐！

大木桶/修理的：

　　这也是一个手段和目的的问题。

　　通过吃饭可以实现活着的目的，这人人都知道，但是通过活着能实现什么目的，打算实现什么目的，可就不是那么好说了，并非人人都有目标，人人都知道自己的需求，个个都能始终如一地向着这个目标努力。就像小猫小狗无须考虑这个问题一样，人开始动脑筋思考这个问题也不过几千年时间，到现在也还没有想清楚。

晨晨：

那生存到底有没有目标？这个目标是什么？

大木桶/修理的：

用最俗的话说，人为财死，鸟为食亡。究其本源，是为了生存而生存，生存本身就是目标。

晴晴：

人和动物的区别又在哪里？

大木桶/修理的：

这个星球上，目前，所有生命的本质都是 DNA，是一段特定内容的脱氧核糖核酸，保持这段 DNA 的过程就是生存，生存本质上是这种元间实体的保持和延续。

破坏和损伤 DNA 的因素很多，只有那些有能力将自己的 DNA 更多复制在其他物质之上的，克服载体的不持久性，不断刷新自己元间的物质载体，才能更有效地保持自己的元间特征不发生重大改变，因此，繁殖是保持 DNA 元间生存的途径。另外，由于环境在不断变化，只有更能适应环境的物种才会有更多的生存机会，为跟随环境变化的步伐，生命只能用改变自己 DNA 的方式来保持自己的 DNA。这两点就是所谓的遗传与变异，也是一个二律背反。

长此以往，很多生存和繁衍的方法、手段、历史都写到了生命的 DNA 里，DNA 反倒成了一部生存和繁衍的程序，成了一套生存手册，同时也是一部环境手册。DNA 只是为了生存而生存，除此之外没有更多内容。

DNA 也是物质与元间的对立统一体，最初，物质与元间两项功能都由它自己完成。神奇的生命，为了 DNA 的生存，从单细胞开始，逐渐演化形成以分工为特点的更为复杂的生命体，出现了动物植物这样的"肌体"，DNA 逐渐为自己建造出一整套服务系统。原先一己承担两项功能的局面发生了分化，DNA 蜕变成一个全职的元间系统，依据 DNA 建立的"服务系统"发展成一个专门的物质保障机构，两者共同形成物质与元间的生命体。DNA 的内容也有了极大丰富，又逐步革新改进了肌体的构造及其运行方式。这种生命体是以 DNA 作为元间一方，以肌体作为物质一方的对立统一体。由于 DNA 隐藏在后台，只见肌体在努力表演，肌体看起来更像是生存的主体。两只小猫，总不会被说成两堆脱氧核糖核酸吧？

神奇的生命，为了提高肌体的运行效率，进化出神经系统，除了遍布肌体所有部位的各种传感器，还形成大脑中枢神经系统，整个系统进入高度智能化时代。神经系统也是肌体的一部分，是肌体自己的服务系统，不断地积累最终成为相对独立于肌体的元间性体系，成为生物体中第二套元间系统。

晴晴：

和动物相比，人还是没有走出多远啊。

大木桶/修理的：

最重要的进展是，"食"与"财"的差别使需求变得间接化了，增加了很多不能直接"吃"的其他环节，增加了从财富再到吃饭的中间环节。更进一步发展，物质财富也不再一定直接与生存相关了，直到与生存无直接关联的需求品爆炸性地丰富起来，人与动物才开始真正的分道扬镳。

晨晨：

这个差距是如何拉开的呢？

大木桶/修理的：

瞪羚与狮子对峙时，双方都在急速思考，瞬间产生很多很多的方案，立即从中挑选出几个靠谱的模型或剧本，对这几个模型进行较为深度的推演，从推演中评估它们的胜算成色，最终优选出一个最佳方案付诸实施。

人和动物的共同点在于 DNA、肌体、神经以及神经中枢，或者说"感觉和意识"，甚至是初期的自我意识。

因此，可以说，人本质上是"DNA人""身体人""意识人"三位一体的复合体。初期，身体人是DNA人的载体，是实现DNA生存繁衍的工具；意识人则是身体人生存、繁衍的工具，这时，人还只是一种稍显聪明的动物，在此，人和动物还没有太显著区别。

脱离动物界的途径有二：其一，人逐渐不再直接面对必需品，而是通过社会分工和工具间接制造而不是采猎绝大多数生活用品；其二，最重要的是，瞪羚和狮子从各种应敌方案中优选出一个方案，这种经验传承的途径非常有限。人凭借自己的元间输出能力，将不同的更多的成功和不成功方案以及与生活现实各种过程的经历、体验和感受，和生存没有直接关联的各种模型都舍不得抛弃，统统收罗起来，记载、传承和传播开来。不仅如此，意识人用这些元间实体为自己构建了一个以模型演绎机制为特征的精神家园，在身体人辛勤劳作之余，过起了自己的小日子。这还就罢了，更过分的是，意识人的元间需求逐步发展成主要生活内容，不仅努力摆脱着自己从属于身体人的奴仆地位，甚至图谋"篡夺"统治权，反过来主宰身体人，把身体人当作实现自己元间需求的工具，驱使他废寝忘食，甚至奋不顾身。事实上，这已经成为普遍现象。

需求的进化

晴晴：

你是说，元间需求正在成为主要的普遍的需求？

大木桶/修理的：

是啊。

就像"奔跑"这个动作，基本用途是追逐食物和逃避被作为食物，但是，小动物们更多时候的奔跑不仅是在锻炼技能，更主要的是在玩耍。人们举办运动会，很多人以此为终生的职业，人们以一个冠军为荣。奔跑这个动作从生存手段演变成了元间需求品。

心理学家马斯洛（Abraham H. Maslow）开出了一张著名的金字塔形

需求清单，至少说明意识人的需求实现建立在身体人的需求首先被满足的基础之上。底层的需求被满足之后，剩余部分才是留给意识人的需求品。还可以把这看作一个因果关系。比如，占有、征服、支配、尊严、欣赏、被欣赏等欲望都源于身体人对于生活资料和配偶的争夺，是意识人成功服务于身体人后获得的奖品，属于生存的手段，之后才逐步演变成直接需求本身，主仆易位，身体人反而成为意识人实现这些需求的工具。这时，马斯洛的金字塔出现了倒悬。

晴晴：

是啊，人们会为了理想和信仰而舍生忘死地奋斗，如那些脖子上挂着钥匙饿死在粮仓门外的保管员，更有无数黄继光、焦裕禄这样可歌可泣的英雄。

还有不少身家百亿的富翁整日废寝忘食，勤奋工作，过着节衣缩食的生活，反倒是被称为"月光族"的年轻人浑身挂满了奢侈品。甚至还有人为了得到一部时髦手机，卖掉了自己一只肾脏，算是负面的极端例子吧。

在这些突出的事例之间，是平常人的生活。社会的整体正在往元间生存方向推进。

怎么会这样呢？

DNA 人、身体人、意识人

大木桶/修理的：

人是 DNA 人、身体人、意识人三个层次的复合体，也就会有由此而决定的三种性质。

这三个层次在各自的层次中又都具有各自的组织性。以 DNA 为核心的细胞组成细胞群、细胞组织、组织系统，构成一个分工合作的巨大体系；身体人相互之间复杂的社会关系，把每个人都紧密地联系和组织在一起；意识是一种元间形式，而元间又具有超越物质、超越时间和空间限制的特点，意识人之间的联系就更为广泛、迅速和紧密。

三个层次并不相互绝缘，相反，它们相互依赖、相互渗透、相互影响、互为因果，相互都把另外两方作为实现自己需求的手段和工具，同时也把它们作为服务的对象。

三个层次中，任何一个微小的需求都具有物质与元间的双重性质，每一项需求都是物质和元间两种极端性质之间某个具体位置的具体需求。

这表明，人的性质和需求是由三个层次以及物质与元间这两个维度相互交织形成的复杂体系，理解、认识人性可从这个模型入手。

意识人已经具备了三重性质：主动延续 DNA 的元间生存；继续作为身体人的工具，照旧为身体人的生存而工作；以身体人为工具实现自己的元间生活。

相应的，身体人也就有了三种生存意义：作为 DNA 的元间生存的载体，身体人本身的物质生存，作为意识人元间生存的载体。

和动物相比，人增加了新的性质和需求，动物更多的是前两种，后一种元间生存状态还很初步，人终于可以放心地说自己不再是动物了。

元间需求产生的动力和机制

晴晴：

大家都相信，人的物质需求产生于生存的压力，而元间需求产生的动力和机制是什么？

奖励的延伸与异化

大木桶/修理的：

尽管 DNA 人是一种元间生存实体，但是它的生存是以身体人的物质生存为条件的，而意识人的出现成为身体人的有力助手，三者合力实现着 DNA 人的元间生存。

  DNA 人驱使身体人奋力工作的方法是一种奖励机制。每当其获得食物、配偶、舒适条件时，都会被授予一种快感和满足感，以兹嘉奖。过去，这种嘉奖都是直接颁发给身体人的，后来，由意识人代为转发，最终被意识人更多占有。

  一开始，目标的实现和奖励都还是直接的、及时的。随着生活环境日趋复杂，每个动作都要产生很多预案，每个预案中每个细节都被不断积累和扩展，逐渐变成相对独立的间接性过程。既然是间接性的，就不会被直接影响生存和繁衍的实践，当间接性元间实体大量积累，元间演绎过程就会越来越长，直接面向生存目标和对象的元间演绎，作为结果的元间实体反而相对减少。

  与之相应的是，奖励机制和奖励主体发生了潜移默化的转变，颁奖者不再仅仅是 DNA 人，身体人和意识人都渐渐拥有了自己的不同层面上的激励机制，因此，奖励的周期逐渐延长，奖励的性质也在不断延伸和异化。

晨晨：

  先说说奖励周期的延长吧。

大木桶/修理的：

  还记得庄子在《齐物论》里说的那个"朝三暮四"的故事吧，人们常用此寓言来嘲笑只顾眼前算不清账目的糊涂人。其实还有另一层意思，庄子这里至少讲了一个动物性的基本特点，就是对奖励的及时性要求。及时获得至少可以避免很多不确定性，猴子们还是很聪明很现实的。从最基础需求层面出发，更可靠的是朝四暮三，尽早兑现。影射人性，也是如此。由于 DNA 的限制，人并不可能最终脱离生物、动物的本性，在最基础需求层面上，奖励和报酬都应当是及时的，即便是报酬总额并无变化。

  例如为什么不光是小孩儿，大多数成年人都难以抵制十秒钟一换内容让人眼花缭乱的手机屏幕？因为每个奖励都即时、新鲜和差异极大。

  然而，现实生活中，人的需求已经变得很复杂，增加了很多不能直接实现的间接需求。从确定目标到实现理想，中间的距离越来越长，奖励的获得越来越不容易，虽然这些奖励都是碎片化的，但是能暂时吸引和慰藉焦躁的心灵。

对于间接性的需求来说，需求本身往往不是一个现成的目标，从需求目标的出现到成熟，加上需求品的制造和生成有一个漫长的过程，甚至要几经波折，从需求的提出到实现将是一个生产周期，而且是较长的时间间隔。

是不是说只有在完成全部周期之后才会有奖品？也不尽然，每个中间环节和半成品都应该有不同程度的奖励，否则这个过程就不会继续下去。更何况，人的需求品是在社会分工的平台上完成的，需求品的生产过程由不同的人分工合作完成，每个工序都有自己的奖励和报酬。但是，在整个过程中不一定每个环节都是直接针对物质需求品的获得而给予的奖励，很多都是间接的针对非物质贡献给予的奖励，针对元间成果给予的元间奖励，这些奖励相对于接受这些奖品的人来说就是元间需求品。这一类元间需求品是因为奖励和付酬周期延长才形成的。

晨晨：
奖励性质的延伸和异化又是怎么回事儿？
大木桶/修理的：
一旦发现和获得食物、配偶、舒适条件，就会触发奖励机制，这个奖品是针对获得这些利益的动机、动作和结果的，甚至更主要是用来激励争取这些利益的冲动的，常常出现在取得最终结果之前。比如小猫听到将要吃肉的通知之时，巴甫洛夫的狗听到铃声之时，它们立刻进入异常兴奋状态，吃完之后就会归于满足和平静。

实质上，奖品针对的是获奖者对于一个元间实体从判断到行动这样一个反应的全过程。如果这个过程很长，而且越来越长，就会生成许多中间环节，奖品会被拉长，以至于分割成一系列碎片，针对整个过程不同的阶段性成果。如果某一些中间环节的权重异常扩张，奖励的重心就发生偏移，整体上看，奖励的对象和性质就偏离了初衷，就被异化了。

例如，食物不是抽象的，不是唯一一种，各种食物相比较品质差异很大，取得不同品质食物所获得的奖励当然有区别，取得食物与分辨食物等级和偏好就分化成两项不同的工作，如果这种区别越来越大，品尝和欣赏食物就分化成了一个独立的需求。如果说对于一般性的食物需求属于物质需求，那么对于食物的欣赏和品味就是一种元间需求，一种更偏向于元间的需求。激励的目标就从物质对象异化成了元间对象。

晴晴：

既然人的性质被你定义成 DNA、身体、意识三位一体，那就会有三个需求者，有三个奖励标准。是不是每一件需求品都要经过三个需求者的轮流挑剔？具体的选择的标准也都处于从物质到元间这两个极端中的某个具体的位置？

大木桶/修理的：

从已经形成的 DNA—肌体—意识的关系看，一个生命体的生存能力是现成的先天能力，DNA 的程序里已经包含了驱使意识和肌体追求生存物资、追求适宜环境、追求配偶的本能，而实现这些目标后的奖励机制，通常表现为一种满足感和快感，相反，负的奖励机制是焦虑、痛苦、饥饿、渴望。仅就这些目标和方法本身来说，它需要的物质并不是任意的物质，而是指定形式的、规定了元间性质的具体物质，实际上也就是最初的元间需求。

如果中间过程太长，追逐满足感的兴致常常超过或掩盖了目标本身。随着需求实现链条的不断拉长，需求不断丰富、延伸和异化，物质需求与元间需求的分化逐渐加强，最终出现了两种极端的需求形式。

成功是一个过程，每个阶段都需要奖励，都会被奖励。前一阶段是后一阶段的手段和工具，于是对前一阶段的奖励就是对手段和工具的奖励；而这种手段和工具又是些元间实体，如果拿着这些元间实体去申请奖励，这些工具性的元间实体实际上就成为新的需求。

晨晨：

生存手段演变成了元间需求？

能说得再具体点吗？

大木桶/修理的：

例如，人是社会性的，身体人的物质性生存目标只有通过人际间、人与自然之间的竞争与合作，通过解决问题才能实现。然而，解决问题的过程中，很多元间准备与处理工作是在自己的大脑里进行的，产生的大量元间成为新的工作对象，构成内心世界。随着需要演绎的内容越来越多，人的内心世界迅速丰富起来，更多的生活时间被卷入这个新的世界，提出和解决这些问题成为自我意识的新的生活内容。和解决外在世界问题一样，提出和解决内心世界中的问题，也能产生沉浸感、创造感、安宁和归属感、美感、成就感，当然也会有挫折、失败、沮丧、抑郁这些负面因素，这就成为自己从内心感受中获得奖励或平复心境的驱动力，这些原先的工具性的元间实体变成了新的元间目标，成为意识人新的更高的需求，人开始进入元间生存状态。

同样，由于人的社会性，如果把元间需求仅仅封闭在个人的大脑中，很多元间需求就无从谈起，也无从实现，除非内省和平静是这个人唯一的元间需求。更多的人具有输出元间的强烈需求，希望得到社会的欣赏和共鸣，希望自己的元间能影响更多的人，希望通过交流和沟通来获得认可与尊重，站在 C 位，赢得鲜花与掌声，这样的需求只能通过社会生活才能实现。

如果说 DNA 人的生存状态本质上属于元间生存，那么意识人的元间生存就是一种回归，人又再次回归到元间生存状态。

由于人们普遍的社会性的元间需求，社会生产和消费的重心开始朝元间方向回归，社会也进入一种元间生活状态。

元间需求的实现

晨晨：

什么是元间生活状态？

大木桶/修理的：

就是以元间生产和消费为主要内容的社会生活。

社会生活首先是个体和群体生存的手段，是获取生活资源的途径。随着社会生产效率和能力的发展，每个人一生中用于谋生的时间大大缩短，社会的平均谋生时间大大缩短，而且还有继续缩短的趋势；一种社会生产方式足够有效时，就能满足社会成员和社会整体的物质需求，甚至物质需求品出现冗余。

物质需求品的冗余表现为生产方式生产能力超出了当前社会中人们的消费能力和消费需求。富裕的社会产品和生产能力又为更多新需求和新需求品的生产创造了条件。

例如，通常的试错方案中会有两个主要的内容，一是对于对象的系统性的理解和认识；二是根据自己需求和对象势态所作出的对策。通常把这其中的第一项称为"模型"，就像军事指挥员、房地产规划师、销售经理使用的沙盘；第二项是依据沙盘的推演，在模型设定范围和规则内进行演绎模拟，这两项加起来就是一个故事。实际履行了的故事属于真实的事件和经验，没有付诸实施的是虚构的故事。虚构的故事刚开始是人们为了培训生存技能所用的教材，或者是对未来的一种预测方式，一种储备的方案。当人有了足够的空闲，就更多把故事作为一种消遣。消遣成为需求后，为满足这种需求的生产就会逐渐繁荣，就出现了一帮专门以编造故事为生的群体和市场，如每年几百部长达40集的电视剧，上千本几十万字的小说。这种故事与DNA人和身体人的生存需求渐行渐远，成为意识人独享的奢侈品。

意识人"篡夺"了统治权，DNA人和身体人成了实现意识人需求的"奴隶"，元间需求品的供需双方构成新的生态链条，成为新的社会需求。

元间综合能力的冗余，产生出更多的新的与生存无直接关联的新元间。两种冗余相遇，就成了完美的供需关系。相对生存所需的元间输入能力的冗余，新元间的冗余，不仅在脑海中进行，人们还把其中的一部分用外在的物质载体重现，通过劳动变成物化了的产品和工具，在极大地减轻谋生压力的同时,也极大提高了新元间生成的能力和速度,形成一种正反馈的放大效应。

人的生存目的与手段因元间处理能力的充分冗余而发生倒置,同时也极大丰富和改进了人这种生物,使人的进化速度明显加快,与其他动物的距离越拉越大。这种差距的本质在于生成新元间的能力,例如好奇心、求知欲、情感,又例如诗歌、小说、音乐、绘画、书法、建筑、制造、物理、数学、科学、法律……社会的生产目标也开始逐步转向元间生产和元间产品,其中更间接化的部分美其名曰"信息化时代"的"虚拟经济"。

元间冗余

大木桶/修理的:

这时的意识人有三个突出表现:

(1) 元间输入需求冗余,出现了更多与生存无关的元间输入需求,渴望知道任何现有的知识,对所有未知领域怀有强烈的求知欲;

(2) 元间演绎能力冗余,导致元间演绎能力独自发展成一种需求,产生了强烈的创造欲;

(3) 元间输出能力冗余,导致人们把元间输出作为生存的目标和意义,产生了用自己的元间同化所有对象的强烈征服欲。

晨晨:

怎样理解"元间冗余"?

大木桶/修理的:

这个不难。

狮子和瞪羚都不是 24 小时捕食或吃草,大部分时间是闲暇状态,这些时候它们在想些什么?如果工作时间大大小于闲暇时间,这段时间中想的问题又与生存没有直接关联,这部分元间相对生存需求来说是不是冗余了?

其实，你不仅可以理解，还能实际体会元间冗余呢。

试过"禅定""入静"吧。这是一种企图用放弃意识的方式平息意识人的活动，回归到纯粹身体人甚至 DNA 人状态的修炼，据说这样可以从自己内心深处找到自己的先天良知和智慧。顺便说一句，这也许还是一种勘探形而上特别是文本性形而上的途径。很难知道高水平修炼者的实际体验，就自己的感受来说，平息杂念实属不易，各种"妄念"如雨后春笋般随机涌现，层出不穷，像大海波涛，此起彼伏，永不停歇，不得不用意识与之抗衡，这又违背了顺其自然的初衷。这样的元间实体不就是与生存无关且充分冗余的元间实体吗？

晴晴：

我们已经生活在虚拟世界里了，每天阅读与生存无关信息的时间已经超过了上班时间！地铁站台和车厢里、餐桌旁、公园里……人们只要有片刻空闲，都会拿出手机，对着小屏幕看得津津有味。很多人已经习惯了双手捧着小屏幕进入梦乡，要是哪一天断了网，简直不知道该咋活了。

大木桶/修理的：

元间需求倒还好理解，需要探究的是元间生产的动力。人们并不只是纯粹为了通过生产新的元间去换取金钱，更主要的是为了实现一种表现欲、知情欲、参与感，一种元间输出利益。元间输出已经成为一个人、一个民族、一个社会的基本需求之一。

晴晴：

既然人具有三重性质，也就具有三种性质不同的需求。DNA 人追求元间的稳定和延续；身体人要实现 DNA 人的使命，就要维持自己的生存，获取自己生存所需的各种物质资源和生活条件；意识人一开始作为身体人的工具，自己也没有太多的额外需求。

可是一旦意识人成长为身体人的主人，就会像《鱼盆》故事中那个贪得无厌的老太婆，驱使渔翁向大自然无休止地索取，居然远远超出大自然所能承受的程度，直至毁灭自己赖以生存的家园。又如统治欲、占有欲、表现欲都是典型元间需求，都可能超出身体人生存的意义，这种欲望的泛滥，尤其是极度物化为身体人的实际行动，将酿成邪恶和灾难，这个世界很多地方都上演了这种悲剧。

"按需分配"不是梦想

大木桶/修理的：

　　DNA人和身体人的需求主要是物质需求，这种需求是有限的，而且是处于可循环可再生的资源范围之内，是能够与自然资源自动平衡的需求。这个意义上的"按需分配"应该可以实现，事实上很多地方已经可以达到所有人吃饱穿暖、病有所医、老有所养的程度。

　　与此有着天壤之别的是，意识人更多的需求是元间需求，而元间需求是无限需求，更要命的是，目前这些元间需求都以巨量的物质为载体。相对于无限的需求，地球环境和资源的供应能力从原理上就根本无法满足，造成灾难性后果是一个必然趋势。

　　超市里500克菠菜装在30克的一次性塑料盒中，如果几十亿人都这样买菜，地球能承受吗？

　　无限需求何来按需分配？

有限的物质资源与无限的元间需求

大木桶/修理的：

　　除非人类的自我意识能力能够达到足以遏制这种趋势的程度。只有把实现元间需求的物质载体限制在有限物质资源和环境承受能力的范围之内，更多的元间需求才可能实现，这个星球上的生命才可能得以延续。

人性的进化

晴晴：
　　如此说来，人性是进化的了？

大木桶：
　　当然！因为人有三个层次，就有三个进化的途径，或者说通过三个途径可以改变人的性质。例如，人为编辑 DNA 可以改变 DNA 人的性质；嵌入式器官和信息存储处理装置可以改变身体人的性质；经由意识层面可以推动意识人的改变。

晨晨：
　　需求的变化是否意味着人的性质发生了变化？

大木桶/修理的：
　　远远超出生存必需的元间需求持续大量涌现，充分冗余的元间生产使原先实现需求的工具和手段不断被转化为新的需求，转变为生存和繁衍之外的新需求。如果说需求的性质就是人的性质的话，人的性质已经发生且正在发生根本性的变化，元间需求成为人类新的、特有的秉性。内心的元间需求成为人性中新的重要组成部分，以身体人为载体的意识人已经或正在成为主要的生存主体。

　　如果可以说需求的强度就是价值尺度，元间需求的强度就是新的价值尺度。

　　当很多新元间蜂拥而至，都向你提出奖励请求时，发给谁呢？这就需要有一个评判标准，这个评判体系就是所谓的"价值观"。

　　人有两个获得奖励的途径，也就会有两套价值观。一套是外在的、环境的、社会的；一套是自己的。能否真的具备属于自己的内在的价值观，取决于你自己能否建立和保持自己独立的元间体系，取决于你自己内心的元间体系与社会普遍的元间体系相比，这之间有多少特别之处。

晨晨：

好吧。

如果就像高考判卷用的读卡器，评判员是一台计算机，是不是又会出现新的价值体系呢？

大木桶/修理的：

如果价值标志了需求的强度，评判员发给你奖励，不仅意味着它对你的肯定，更重要的是因为你满足了这个颁奖者的需求。眼下的计算机还没有自己的需求，它还只是人的一个工具，间接表达和实现人的、社会的需求，它还没有自己的价值体系，因为它目前还不是需求主体。

人工智能

晨晨：

是啊，是啊！人工智能的出现和壮大会对意识人乃至信息社会产生怎样的影响？

大木桶/修理的：

先要定义一下"人工智能"这个词。

"智能"是可以根据事态的变化，主动生成目的性应对之策的能力，人工智能想要求机器也能学会随机应变，也能自己想出一些办法，也要有自己的目的性，不必事事请示。

晨晨：

就是想要求机器具有独立思考能力甚至自我意识啦？有多大可行性？

大木桶/修理的：

这还是要从人的 DNA、身体、意识三位一体生存状态说起。

DNA 是最底层的生物本性的生存，而这种生存以变异为代价；身体人是 DNA 人生存的载体和工具，同时也作为意识人的生存载体和工具；人的自我意识成长和积累使意识人成为相对独立于身体人和 DNA 人的异己，成了第三者，具备了从第三者角度对待 DNA 人和身体人的能力。

刚开始，意识人发现身体人的孱弱，于是制造了大量的工具去装备身体人。世界进入大工业生产的时代后，大规模社会化生产又让人们深切体会到身体人智力的笨拙，也就是意识人自己的笨拙，就研制了很多计算、记忆、通信、控制机器，社会又进步到信息化时代，这就是我们现在正在做的工作。

晴晴：

一般说来，人工智能就是人的智能在机器中的复制和拷贝，就是把人的元间转移到了机器之中，机器按照人的吩咐，规规矩矩做事啊。办法依然还是人想出来的，机器要做的只是根据现场情况调用相应的程序而已。这种局面会维持多久？

大木桶/修理的：

它要是总那么老实也就罢了。

刚开始还行，作为一种工具，人可以精准掌握、充分理解机器的行为，但是，机器的运算、记忆、检索能力远远超过了人的能力，后来，人已经无法详尽了解运算的细节。如果是一台神经元计算机，人甚至难以了解运算的过程，更何况运算过程中还可能出现随机性的错误，这些也都在人们规定的程序之外。

尽管如此，人们还是见不得它老实，总抱怨它还是太笨，不断地给它添加新的软件和装备。人们逐渐赋予它更多"独断专行"的权力，而在随机状况面前，掌握这种权力的机器调用的程序与人的紧急措施并不能完全一致，就会形成人与机器的权力之争，这甚至已经导致一架满载乘客的飞机坠毁。也许还会有更多无人驾驶车辆事故，但是，这依然阻挡不了人工智能机器自主性快速成长的步伐。

由于机器的计算、记忆、搜索、拷贝、传播性能，特别是可靠性都远远大于人现有生物机制所能达到的性能，人们正在搜肠刮肚千方百计地寻找各种方法，恨不得把自己所有的经验倾囊相赠而后快。人类所有的出版物都被数字化之后，通过互联网，计算机可以查阅所有的数据库，这个"疯狂"的家伙可以用几毫秒时间检索几千年的人类文献，给人们一个历史的提示，给人们规划一条可规避风险和迂回的路径。

这些建议在人看来似乎是奇思妙想，网络查重也查不到，实际上只是你检索能力不足罢了。

况且，人类的新知识都是以机器为平台积累和增长的，机器与人共同成为新知识的发展平台，教会了机器阅读人类文献的能力，双方都是用一种文字。但是人的经验积累和增长速度远低于机器的"摩尔速率"，几十年寒窗苦读，机器只要一秒钟就全学会了。终有一天，机器也会傲慢地对人类说："太阳底下没新鲜事了。"人类再无现成经验和元间转移给机器了。机器智能终究会像一个毕业了的大学生，挑战老师只是时间问题。

机器人真正的进步在于元间组合与演绎能力的积累和发展。以不同元间实体为素材，进行充分的排列组合，产生足够多的新的元间实体，再用这些新的元间实体与现实中的需求相比较，筛选出更契合实际的那一个，这个过程就是我们常说的创新。人能做的，计算机一样会做得更好更出色，况且这一切只需要几毫秒。

追赶机器人

晨晨：

当意识人能够轻松完成延续 DNA 人、身体人生存的使命之余时，突然发现，自己新生活的希望实际上是受到了身体人和 DNA 人的拖累。于是人们又再次鼓起勇气，展开新一轮的智能化高潮，过去，人们所做的工作只是为了实现改善和延续 DNA 人、身体人的生活质量，这一次的核心任务是改造意识人的生存状态。意识人执拗的"生存"和生存状态究竟是些什么？

大木桶/修理的：

诚如笛卡尔所说"我思故我在"。很简单，意识人坚持和追求的生存是自己的意识，是自己还能够意识到自己存在，是自己还能够意识到和参与到环境的体验中来。

这是一套由自己的经历、体验、经验、习惯、信念、知识、创造、情感、好恶、理想等组成的元间体系，还有外在的亲友、敌人、财富、处境、成就，所有这些用大脑神经元组合的方式存储记忆在大脑中，这是一个意识人实质性的"我"，是超越DNA和身体的另一种生存状态。

意识人的最高理想是保持这些元间实体的永久存在。但是要真正实现这个超越，获得意识人单独的永生，还有一段路要走。

晨晨：

可以将衰老损坏的器官换成机械、电子备件，就像替换一只人工关节。更优选的方案是换成人工培养生长出来的生物备件；甚至大幅度修改人的基因，提高身体人的性能和舒适度；可以在人体中植入计算、记忆、搜索、通信芯片，提高元间处理能力；或者把大脑中的元间体系直接拷贝复制出来，装到一个存储器或网络云端，彻底脱离满是疾病的身体人，成为一个纯粹的意识人。

晴晴：

这样一来，人和机器之间的界限就会淡化甚至消失，人的性质就真的发生了变化？

大木桶/修理的：

实际上，人的基因始终处在流动和变化中，只不过长期以来都是基于随机变异和自然选择这样一个缓慢且无目的的过程，从来没有遭遇智能主体的干预。

当人的自我意识达到能够认识自己DNA的程度之后，发现这其中有太多的与自己当前目的性不相符合的古老设计，特别是关于寿命和健康的设计，于是蠢蠢欲动，试图先从治疗先天疾病入手，逐步改善自己的基因。目前这项工作还面临伦理审查，但是，如果有人通过非法途径获得了寿命和竞争力的好处，伦理的堤坝在欲望的洪流面前将不堪一击。另外，除了人之外，对其他生命的编辑并无禁忌，生物技术成为新物种生成的源泉并不难想象，出现各种性能胜过现有人类的新生物种，可能性不能排除。这种新物种将通过迂回途径对人类DNA的进化形成压力，就会迫使人不得不主动修改自己的DNA。

意识人为了弥补自己的不足，为了实现自己纯粹的创造欲望和求知欲望，除了用制造外在的智能工具加持身体人之外，还有重新编辑 DNA 人以及将机器嵌入身体人这样两个途径升级改造身体人和 DNA 人，以至直接将自己的元间系统和互联网联通。

对人来说，这将是元间发展史上又一次颠覆性的革命；对于大自然来说，只不过是出现了一种新的进化形式而已。

元间人

晴晴：

这是否意味着新的智能物种将要出现了？

大木桶／修理的：

极其可能。

人用自己的智能制造了机器，用这些工具升级了自己的 DNA 和身体，这些都还可以称作"人工智能"。但是，这些工具自己改变了自己的地位，成为他们自己的主人，机器人就不再是过去的机器人了。他们自己开始生成自己的自我意识，成为智能的主体，这些新生的智能就不再属于人工智能了，或者说不再是原来意义上的人工智能了，可以称为"机器智能"。

这类新的智能主体可以给他们取个新名字，叫做"元间人"。

晴晴：

元间人？

怎样定义这种人？

大木桶／修理的：

一种以元间生存为主要存在形式的实体。

四号勘探区

晨晨：

请注意，您的"元间人"不属于我们曾经讨论过的任何勘探区，它没有任何护照和身份证明，再次超出了论域，应该算是第5个区域里的公民，按前面的序列可称为第四号勘探区。

大木桶/修理的：

好吧。

第四号勘探区的主要特征是除了人之外，机器、机器和人的混合体也具有元间组合能力，具备自我意识能力，这也是大自然又一种实现自我意识的途径。

这是一个很可能发生的领域，对于这个领域，眼下除了逻辑推理和猜想，还没有更好的勘测工具，但是，我们已经看到了天际线上万马奔腾扬起的烟尘，感到了大地微微的颤动。

晨晨：

既然叫作元间人，总要有些许"人"的特质吧？

比如，元间人会不会像我们一样，也是基因、身体、意识三位一体组成方式，会不会也有各自的自我利益，会不会也是社会化生存，他们之间会不会有战争？

核心问题是，元间人真的会有自我意识吗？

大木桶/修理的：

啊！这可是一个难题！

还是从生命的生成机制说起。

人的生命起源于小 RNA 的逐步积累。一个个小的程序依托于一段段小的物质链，在大自然环境中筛选淘汰、更新升级，逐渐演变成有自我意识的人类。大自然并没有就此关闭这扇大门，生物的演化之路依然畅通，不能排除更多的生命体沿着这条路径进入自我意识的殿堂。不过，这会是一条极其曲折、漫长的道路。

当人掌握了这条道路的地图，掌握了物质合成的技术，就有能力在实验室、工厂里重现这个过程，从60年前中国科学家人工合成胰岛素这种有生命活力的物质到如今，编辑修饰 RNA、DNA 已经成为常规技术。DNA 和计算机程序本质上都是字符串的积累；大脑复杂的神经网络结构，不仅可以用无机物制造的芯片模拟和复制，也可以用人工培育的活的神经元细胞重现，这些都是相同的元间内容。因此，基于主动编辑 DNA 产生新的生物物种，产生新的具有意识和自我意识能力的新生物物种，仅仅是个技术和时间问题，并没有原理上的障碍。从技术角度看，集成电路硅片上的晶体管尺寸已经做到了 2nm，正在开发 1nm 技术，只有 5 到 10 个硅原子大小，接近或达到了 DNA 的尺寸。只不过到目前为止，芯片大体上还是平面的，顶多也只有几百层，将来或许会朝着立体化方向发展，也能达到几亿层，连接方式也会随之发生本质性的飞跃。

请直面机器的自我意识

晨晨：

您这里说的都还是硬件，而自我意识是软件，是有目的的、主动的意识能力啊。

冒昧提一个略显刻薄的要求，希望修理的能直接回答我的问题，说说机器自我意识是如何产生的，或者说，怎样的途径才能使机器生成自我意识？

大木桶/修理的：

真的有点怵，勉为其难吧。

所谓自我意识，首先最核心部分是自己知道自己的目的和动机，是自我的目的性，其次就是自己把自己作为对象，自己知道自己在想什么，知道自己知道什么、不知道什么，想起了什么、想不起什么，自己能够操作自己的思想内容和方向。

对一部机器来说，目的性是外来的，是人为它设定的。人的目的性分为两部分，一部分是由 DNA 赋予的，另一部分是由后天的社会生活环境赋予的。相比之下，机器只差 DNA，当机器有一天能够自己制造自己，这个差距就消失了。如果用生物方法制造机器，或者"生物 + 机械"的混合方法，消除这个差距的可能性就显而易见了。

只要有了内在的自主的目的性，自己思考自己应该是一件自然而然的事情。

就像人的目的性是逐步生成的一样，机器的目的性也有一个成长的过程，意识到自己的目的所在更是个漫长过程。

晴晴：

好吧，先搁置机器自我繁殖的问题，等着它们慢慢长大吧。

大木桶/修理的：

机器要知道自己的状态，根据自己的状态调整自己，以至于不过度偏离既定目标，这是常用的闭环反馈自动控制系统的基本原理，也是最初级的自我意识。如果一部机器的传感器足够多，多到可以感知自己大部分部位的大部分的变化或遭遇，能够对这些变化作出纠正和反应，这就表明自我意识有了很大进步。这种趋势发展到极致，也就实现了自我意识。

继而，已经崭露头角的是机器以自己为对象的计算问题。

人类围棋顶尖高手屡屡败于计算机，由于机器的进步速度远远超过人，这个败局已经永无翻盘希望。很自然，会产生这样一个挑衅性问题：如果两台计算机互相厮杀，谁胜谁负？

其实一种策略是将这一台计算机分为两部分，分为两个次主体，先由这两个次主体相互竞赛，左右手互搏，再把胜出一方的方案作为整体计算机的决策。

一个次主体先想定一个方案 1，之后，另一个次主体站在对立的立场上思考破解这个方案 1 的对策，之后产生方案 2，又站在方案 1 的立场上再思考破解这个方案 2 的对策……同一个主体分成了或包含了至少两个对立的立场，分别从不同立场反思其他立场。也就是说这台计算机自己在检讨自己的方案。这已经是这个主体自己的自我意识了。

晨晨：

你是说这种计算过程意味着机器的自我意识能力已经开始了？

修理的：

应该是的，它们早就走上了这条路，只是走得还不够远，层次还不够多。

例如，可以让一套 GPT 去评价另一套 GPT 的言论，让这两套 GPT 主体互相辩论，如果把这两个 GPT 主体看作同一主体的两个部分，对我们来说，这就是 GPT 的自我反省、反思、自我意识的过程。

等到了人只会通过机器才能制造机器，甚至离开了人，机器也能制造机器的时候，就是机器自己制造机器，一种机器制造另外一种机器，甚至一种机器制造同一种机器中的另一台机器，一群机器在讨论生产和销毁其他机器的规划，这时的机器智能，也许人连插手的能力都没有了。

晨晨：

机器也会是社会化的吗？

大木桶/修理的：

就同一台机器来说，内部被分为不同的次主体，次主体之间相互映射、相互比对、相互记忆、相互矫正、相互制约，形成初步的自我意识，而更充分的自我意识在于与其他更多主体的关联，完善的自我意识在于所有主体之间的普遍联系。

晴晴：

如此说来，在实现普遍联系之前，自我意识并不充分和完善？这个原理也适应于号称具有自我意识的人类吗？

大木桶/修理的：

是的是的！

我们人类的自我意识也是一个发展过程，还在不断进步之中。只有意识到别人，才能意识到自己，只有意识到普遍联系中所有个体和完整体系，才能实现完整、完善的自我意识。

大木桶/修理的：

　　机器产生于社会化生存，也就是产生于人际关系，也就沿袭、继承和接替了人际关系。它也要面对市场的竞争、资源的竞争，也要面临整个社会的复杂关系，不仅与人类面临同样的问题，还面临人类已经无法理解、掌握和处理的复杂问题。这时，如果机器没有自我意识，不仅不能完成这些业务，连自己的存在和再产生都是问题。

　　目前人类正在竭尽全力授权机器，帮助机器建立自我意识，这个趋势已经非常明显。机器将逐步自己生成自己的意识，自己生成自我意识，自己生成自己的目的性。

　　机器融入了普遍联系的网络，这种融入以极其发达的传感器组成的感知体系以及人类诞生过程中所没有的无孔不入的通信网络为条件。一旦成为整个网络中的一个环节，成为普遍联系网络中的一个元间节点，就获得了自己在这个网络中的地位，不仅具备了解整个网络信息的权利，也被网络所需要，因而具有了保持自己独立主体地位的权利和能力，并且能够清楚自己在网络中的状态和位置，清楚自己与其他网络成员的关系，这就已经是机器个体所具有的自我意识了。更进一步，所有智能主体，所有人、所有元间人将共同组成整体的自我意识。

　　这个网络其实就是普遍联系，地球上的普遍联系发展的极限是连接这个星球上所有的生命、所有的意识和自我意识、所有的人、所有的元间人、所有的器物、所有的事件。这种连接是这个星球上最广泛和彻底的连接，最终形成这个星球整体的自我意识。

　　根据现有的知识，自我意识最先产生于人，但是从自我意识产生的第一天开始，一种非人本主义的立场就同时产生，因为人可以站在人之外的立场上，站在非我的角度审视自己，尽管很勉强很拗口，且不是大多数人经常会想到的。

　　开始，机器的智能都是人授予的，机器是人制造的。所有的训练和学习都只基于人类社会的需求、经验和规则，从根本上说，是基于人的需求，是为人的需求服务的。

由于元间组合与演绎的任意性，当机器出现自己的需求时，训练和学习就必然出现另一套规则，一套仅仅适用于机器而不适应人的规则，另一个元间世界，另一个非人本主义的元间领域就出现了。

如果机器智能也具有反思能力，也可以自己审视自己，这个角度就成了真正的非人本主义，就不一定要从人的需求、人的爱好、人的利益出发了，机器就可能会有它们自己的元间需求和物质需求。人本主义就蜕变成一个特例，成为关于普遍联系中的某一个节点的描述，人也就此不再是这个世界唯一的所有者啦。

围屋启示

晴晴：

你说，普遍联系是产生广泛自我意识的一个标志和原因，能不能说得再具体点。

大木桶/修理的：

这个世界的一个主要特征和发展趋势，甚至关键动力是广泛联系性。

恐怕光靠网上冲浪还不能真切体会普遍联系。

知道南方地区有数以万计的客家围屋吧，我在其中的一所围屋中住过一夜，感悟良多。

一座围屋四层楼，上百户人家，楼房墙壁和地板都是薄薄一层木板，透过缝隙就能看到楼下邻居的头顶。隔音谈不上了，加之圆弧形的墙壁，声音聚焦效果极佳。夜深人静，尽管我光着脚，像"菠萝"一样蹑手蹑脚，但是地板还是会吱吱作响，更有那难以掩盖的生理声让人尴尬。打呼噜影响会很大，只有窃窃私语可能还有点用，任何一丝风吹草动、家长里短都会立刻传遍每一个角落。

和草原上的金戈铁马快意恩仇、丛林中的突然出现又神秘消失截然不同，这些传承600—800年的祖屋里，上演了无数变故和风雨，家族、师从、婚姻、经济、邻里、亲朋故交、爱恨情仇……无数关系交织在一起，任何一个看似单独偶然的行为都直接牵连所有人甚至祖祖辈辈，这需要怎样的智慧、克制、包容、关爱、体谅才能实现安宁与平衡啊？

这种事实上的"广泛和密切的"联系，必须依赖相应的关系法则。显然，温、良、恭、俭、让也是一种自我意识，不仅意识到了自己，同时意识到了他人，意识到了群体，群体通过个体实现了自我意识。这不仅是建立、维持和发展这种 600 年和睦相处稳定团结的原因，也是这种关系的结果。放眼长城内外，整个中华民族何尝不是这样一个延绵 5000 余年的自我意识群体，例如《论语》就是一部理论化了的自我意识。

家族群体和每个个体的基本目标都是生存和繁衍，虽然目标一致，但是相互之间有竞争与合作的关系。竞争和合作都要有一定限度，这种限度就是规则，这个规则不是通过形而上途径获得的，而是在竞争与合作的过程中逐渐形成的势态，而这种势态通过遗传和文化两个途径得到了传承。

如果要说这个家族中每个成员的生存意义和价值，除了每个人自己的生存本身之外，为了他人和群体的生存也是每个人最重要的生存价值和意义。

晴晴：

围屋模型可是个封闭系统啊！

晨晨：

从文化角度看，目前地球不也还是一个封闭系统吗？

大木桶/修理的：

世界已经成为一个小小的地球村，正在迅速实现普遍联系，没有任何力量能阻挡或逆转这个趋势。

新的规则将相伴而来，应运而生。

深切意识到自己的行为将对别人、对所有人产生的影响，实际上就意识到了自己，就已经是自我意识了。忽视他人的存在就是缺乏自我意识，最终结果将摧毁自己的存在。

元间时代

晴晴：

您住的这个星球上，现有和将来的智能，相对整个宇宙尺度是否具有普遍意义？人类发现的规则在其他星球上是否同样有用？

大木桶/修理的：

目前所说的智能主体，其出发点都还是以地球环境为对象的适应性物质和元间，所得到的元间都是这种环境的拷贝、复制，是地球元间的互补形式。

如果我们的模型正确，地球是宇宙生成过程中的一个极小局部，是宇宙洪范的一个具体细节和现象。换言之，这些细节和现象中蕴含着宇宙的洪范，蕴含着更普遍的规律，通过抽象方法和经验直观我们可以发现和掌握这些更具普遍意义的自然规律。根据这些规则再加上一些不完善的观测猜想，就能演绎出其他星球上可能出现的势态和具体规则。这种推演产生的元间虽然不能说可以直接等同于目标星球上的实际状态，好在经常会很接近，否则我们的月球车、火星着陆器就不可能成功。这些成功鼓舞了我们，让人相信地球上的智能主体有条件终有一天可以掌握宇宙其他范围中的元间。

用抽象的方法可以发现洪范，因为洪范蕴含在具体元间中。

但是一个具体元间细节并不一定蕴含在其他的另一个元间实体中，虽然可以通过推理的方式去猜测，猜测的结果也只是一种可能性。要获得一手的元间，只能通过相互作用中的元间转移，只能靠发射飞船实地探测。

困难在于星空浩瀚，都以光年为单位，要把一个探测器加速到光速，需要太多的时间和能量。

向宇宙输出元间

晨晨：

  如很多幻想小说作家描述的那样，用纳米级、皮米级的机器人，用元间人呀！微量物质加速要容易许多，中途碰撞的概率也小很多。如果事先按照目标星球的推测环境设计好程序，发射携带这些程序的元间人前去拓荒。他们着陆后，先从同化简单物质做起，逐步扩展，逐步积累发育，生成一种以当地材料为载体的意识主体，改造、建造起一个基于当地环境条件的生态体系，直到这个生态系统达到足够的文明程度，直至具备大规模机器生产的能力，制造出大功率通信设备，运载设备，再把获取的信息和自己制造的元间人传回地球。就能建立起基于量子纠缠的即时通信系统，两个星球就具备了从初步了解、初步联系向普遍密切联系的发展的条件。

大自然的自我意识化

晴晴：

  这主意不错！

  目前，地球人以及将要出现的元间人都是依据地球上的环境设计的，当元间人掌握了宇宙的一般规律和势态，掌握了很多其他星球的具体元间，就能根据每一类每一个天体的具体情况设计建造适宜在这些天体上生存繁衍的生命形式，比如硅基、钠基、锗基等各种元素基材的生命体，能够舒适地生活在看来不可思议的重力、温度、辐射、缺氧、浓酸、无水环境中。把这些元间人分别发射到相应的星球上。长此以往，整个宇宙乃至宇宙中的各个物质实体、元间实体都紧密广泛地联系在一起，整个宇宙就会被网络化、生命化。

在地球上，大自然通过人实现了自我意识，人的自我意识实质上属于大自然自己的自我意识。但是这仅仅只是大自然局限在地球之上的自我意识。如果绝大部分天体都被生命化网络化，每个适宜的天体都在逐步走向自我意识化，意味着整个宇宙都将实现自我意识，这个宇宙终究将成为一个完整统一的、自觉的、具有自我意识并可以自己掌握自己命运的无比巨大的生命体。

晨晨：

这好像违反了热力学第二定律啊！熵是永恒增加的，咋就推导出了一个彻底组织化的世界？

晴晴：

差别和差别者才是最大的洪范，熵增加只是一个特例。

晨晨：

好哇好哇，差点儿忘了！

文本性的形而上

大木桶/修理的：

这将是一幅无比壮丽辉煌的画卷啊！这回再也不用看上帝的脸色了。

地球上的动物和人出现之前，所有元间和规则，包括 RNA 和 DNA 都是由具体物质直接表达和实现的，这是第一种文本化了的元间；之后，通过感觉器官实现了抽象，再通过记忆器官实现了再次抽象，成为符号化的间接的元间形式，这是第二种文本化了的元间，文本化了的形而上开始产生。当原始人用石器和树枝把这个元间刻录在树干上、石壁上，用绳结和甲骨文记录月食的一瞬间，人脑中的文本性元间转移到了大脑之外，这个星球上终于出现生物之外的文本性元间，当这第三种文本化元间刚刚出现时，意味着真正成熟的文本性的形而上开始出现在地球上。

和我们地球上的自然规则演变的历程略有不同，至少现在我们还可以认为，地球上的文本性的、模型性的自然规则是在漫长历史中逐渐生长出来的。

注意到了吗？元间人是一个物质量极少元间量极大的实体，甚至可能接近最小物质量的极限，就是那种元间实体之间介乎纯粹的相互作用产生发育出的作品，是一个接近极限的纯粹元间。但这个元间中却可以包含一整套程序，如果发射到某个星球上，不仅包含将成为引导这个天体进入生命化的初始元间，而且还包含我们设计的一整套完整的程序，这个星球后来的发展史将按这套程序执行，这就是所谓的"大设计"啊！

与之截然不同的是，将要发射的这套元间是由智能主体编辑而成的，这套程序是实现了文本化的程序，对于正在和将要施行的物质化进程来说，就是一套文本性的抽象的自然规则，是一套真正的形而上的洪范。

这不就是我们苦苦追寻的形而上而且是文本性的形而上吗？

洪范的作者

晨晨：

说来说去，除了 DNA 之外，文本性的形而上归根结底还是都出自人类之手啊？

大木桶/修理的：

最初是这样的，充分积累之后就面目全非了，其他非人本的智能也应该可以做到。

我们前面所有的勘探和讨论都把形而上可能出现的原因指向了大自然本身的进化和积累，这中间还没有发现其他智能因素的介入，只在我们野心勃勃策划向其他天体输出元间时才想到，很可能把接近抽象极限的元间，一个文本性的物质发射到另一个没有智能和意识的荒蛮之地。我们制造的元间对于这个天体来说，具有了形而上的意义。

地球上的文本性形而上

晨晨：

那这个问题就严重了！

既然我们有了向其他天体输出元间的想法，同理，如果其他天体上有比我们更先进的文明，先于我们向地球输出了元间，这就不是不可想象的了。

已观察到的星系有上千亿个，每个星系拥有上千亿个星球，其中，类地星球浩如烟海。人类有文字记载文明充其量也不到区区一万年，工业文明短短三五百年，人工智能文明才几十年，这在天文纪年中的尺度中简直微乎其微。其他星球中文明程度远远超过地球的可能性极大，他们向地球输出元间应该是大概率事件吧？

那么，地球上现有的基因库脚本会不会来源于外星人的智能？或许这些文本性的元间和规则也都是他们那里的元间人编辑制作的，地球人只具备极其有限的自由裁量权，社会进程的总节奏可能只是他们整个计划的一个小小的细节？

大木桶/修理的：

嗯，想到了别人才能意识到自己。同意这个猜想！

过去，这是一个幻想，现在是一个符合理性的推测。虽然还没有直接证据，却没有理由排除这个可能，是需要认真对待这个推测的时候了。至少可以把这些作为除了本土进化之外，形而上文本另一个可能的来源，可作为新的踏勘方向。说不定在我们的宇宙中还真可能有一个自然规律的文本，有一个文本性的洪范存在哟！

晴晴：

是啊，枯叶蝶、竹节虫、长成海藻形象的海马，这些精巧的模拟态如果不用智能去解释，说这些都是纯粹偶然的变异，还是很难令人信服。

宇宙自我意识的动力

晨晨：

我还是怀疑，宇宙范围的自我意识发展的动力和方向是什么？这会是一个和谐、美好、没有争斗的理想世界吗？

晴晴：

你说的"和谐、美好、没有争斗"还是出于我们人的价值观立场上的愿望，而"天地不仁以万物为刍狗"，这是一个非人本主义角度，可叹，背离人的价值尺度讨论问题总觉得不大着调。

大木桶/修理的：

不过，还有一个思路可供参考。

如果相信"差别"是这个宇宙最基本洪范，那"差别"也就是这个宇宙的基本原因和动力，也会是其他星球其他非人类智慧主体之间的基本关系，差别就是动力，竞争就依然还是普适的基本现象和原动力。

不过这时的差别主要是元间的差别，这时的利益之争将主要是"元间利益"之争。

在实际生活中所遇到的最激烈竞争，本质上也都是元间利益的竞争，因为生存的实质是元间生存，元间利益和物质利益是本末关系。

不妨试着从非人本主义的角度或者说更一般的角度看看。

假如，两个智能主体操作同一个机器，就会出现两种方案的比较和选择，如果在实施之前就能证实孰优孰劣也就罢了，偏偏无法做到。如果旗鼓相当，就会产生竞争，如果采用一个方案将会决定更多的利益甚至决定智能主体的生存，这种竞争必然会是激烈的。

然而，不认识环境就无法认识自己，没有相对物就没有自我，竞争和比较依然是实现整体自我意识的主要途径。

任何智能主体自身都存在既相互区别又密切联系的对立统一关系，竞争与冲突只是其中的一个方面，还有使差别者之所以能够成为差别者的另外一方面，就是相关性或密切联系。猜测，这两种力量的对立统一依然是元间人世界的基本结构和发展的原动力。

晴晴：

万一如你所愿，宇宙将逐步走向智能化，走向普遍联系，最终成为一个具有自我意识的整体，那就意味着基本的洪范和规则都是设计的，或者说都是可以设计的。能设计的规则，从设计层面上说就不是规则，洪范和规则就不是原先意义上的规则了，就是无规则了。

大木桶/修理的：

从已经形成的物质势态角度看，既然自然规律是实际存在的具体的势态，改变自然规律就是改变自然势态现有的格局，要么找到它的破缺和漏洞，绕开或躲避，要么用更强的势态摧毁、改造原有局面。这就要看改造者实际能够掌握和操纵的势态，其规模和力度是否足以挑战对象，足以撼动原有势态的地位，是否具备创造新规则的实力。

比如，刘慈欣在《流浪地球》中想象的，一系列巨大的核聚变推进器阵列，改变地球的运行轨道，把地球变成一个飞船，快速迁移到更适合生活的地方，不过这很可能会撕裂这叶儿扁舟。驮着一堆坛坛罐罐大迁徙，确实有些不明智。意识人的生存才是最重要的，意识人将来也许会有能力更换躯壳，或者重建自己的身体，重建DNA人，甚至重建一个新的星球生态，只迁徙意识人要容易得多。

人类掌握自然势态的进程是在向极大和极小两个方向发展，元间人的工作也应如此，这两个方向最终又会融汇成物质最终结构的问题。作一个类比的话，宇宙自我意识的进程也是从第四号勘探区逐渐回归到第一号勘探区，并且逐渐向第〇号勘探区逼近的进程。

从纯粹自在的第〇号勘探区出发，直到生成智能之前，大自然的自我意识还没有生成，整体上的发展都是无目的的，还是物竞天择的自然过程。

以人为代表的智能因素出现是自然发展历程中所有可能性中最具革命性的事件，使自然进化的旅程中出现了目的性和自觉性，自然界开始知道了自己的状态，产生了左右自己乃至左右世界发展运行趋势的意志，出现了足以改变自然运动趋势的主动的有目的的力量，直到这种力量逐步壮大和蔓延，最终趋向于使整个世界几乎所有的运行都具有目的性程度。从此，规则不再是亘古不变的天条，而是成了可编辑的文本性程序。这也就是第四号勘探区的最后边界。

稍留心点，从中还可以看出第四号勘探区和第〇号勘探区的相邻关系。

晴晴：

所谓可编辑，就是在上一级规则容许的范围内可以任意组合。元间人的能力逐渐向上一层渗透，可编辑的权限越来越高，甚至可重置诸如普朗克常数之类的基本设置，最终会逼近最基本的洪范。这也就是第〇号勘探区和第四号勘探区之间共同的边界线吗？

大木桶/修理的：

我也觉得应该这样想。

应该是一个逐渐逼近"纯粹差别或纯粹差别者"极限的过程。

虽然这个极限状态是从我们当前的世界现象中抽象出来的一个概念，是一个对更大范围的模型，是一个试错方案，遗憾的是，到目前为止还没有办法将其证伪，应该是一个定义域更大更合理一些的模型。

先这么假定：智能宇宙对于规则的理解、意识、修改和重塑将以这个极限作为更远的边界，也许有一天能接近它或者突破它，最终证伪这个规则。

结束语

晨晨：

啊——能长出一口气了。

从源头到入海，元间的探寻，形而上的探寻之旅终于可以画一个句号了……可一细看，大海也在蒸腾，好像又要转回到起点去了！

大木桶/修理的：

辛苦大家了，这么枯燥的旅行。

结束之前有何感受啊？

生存的意义

晴晴、晨晨：

惆怅……

难怪有个哲人说，90%的人活着都没什么意义。

怎样才能让生活有点儿意义呢？

大木桶/修理的：

那就去寻找还"不冗余"的领域，就去寻找还有差别的领域，去做别人还没做过的事情。

用恩格斯的话说，"自然界达到了自我意识，这就是人"。我觉得这是个正在进行时，甚至是将来时，绝不是个完成时句子。再细想一下，我们对大自然的认识已经冗余了吗？或者说大自然通过人实现的自我意识已经很充分了？应该还差得很远，准确说，才刚刚开始。

我们所说的"冗余"仅仅是刚刚摆脱了动物性生存状态后的片刻喘息。作为当前的某些个体来说，短期的、身体人层面上的生存也许已经不是问题，但是对一个民族，对人类整体来说，生存就不是问题了吗？相反，问题还很严重，甚至日趋严重。

威胁人类生存的因素来自大自然和人类自身这样两个方向，虽然竞争是推动社会发展的动力，但也是毁灭弱小族群甚至毁灭整个人类的杀手，而且恶魔已经具备这个能力。目前，争夺的主要内容依然还是身体人的生存资源，当社会生产能力逐渐进步，竞争的主战场会转向意识人之间的元间竞争，元间利益的争夺才是最残酷的，因为生命的本质是元间生存。

具体的人都属于自己的族群。一个严酷的事实告诉我们，族群生存，自己才能生存；有益于族群生存、有益于人类生存，也就成了每个民族每个个体的生存意义。这个方向上，元间冗余还远未出现，生存的意义因而也就不会消失。

也正因为生存不易才使生存有意义，生存本身才是意义。

每个个体的生存都是群体生存的必要条件。蚁群是由每只微不足道的蚂蚁组织起来的，能说哪一只是无意义的吗？脑神经系统由千亿个细胞组成，又有哪一个是多余的？

"菠萝"会不会怀疑自己的生存意义，我们不得而知。但是人们却在努力保护它们，保护每个生物物种不至于灭绝，至少在我们看来，它们的存在有意义，是被需要的。也就是说，被需要也是意义。

每个人，每个人的无数行为和念头，从大自然的角度看，都是在把实现中所有可能性中的每一种从可能变成现实的努力，哪一个人、哪一件事儿会是多余的呢？又会是无意义的？

大自然的自我意识是通过每个人，进而通过由每个人共同组成的文化体系而实现，通过自己的自我意识替大自然实现自我意识，这就是每个人终极的人生意义。

又如，目前的元间冗余是相对于现在人的生存而言的，实际上，从更大尺度上看，人类仅是刚刚学会了用科学方法认识世界和处理日常事务，刚刚开始对新知识产生兴趣和渴求，元间冗余仅仅是局部现象，整体上依然是极度的元间短缺。

努力思考也是人生的意义所在啊。因为我们的思考就是大自然的思考！每个思考者都只是这个接力过程中的一棒，不仅传承，还有创新的义务。

要保持现有的人的本质，就不能突然改变 DNA 人、身体人、意识人三位一体的结构，就不能贸然破坏三者之间的动态平衡，而稳妥的方法应该是缓慢、平滑、整体地进化和过渡，可惜这只能是一个美好的愿望。即便是社会的物质资源供给尚不能满足所有人的基本需求，激进的意识人已经开始破坏这个进程，无比贪婪的元间需求像滔天洪流一般席卷而来，人的性质将因此发生不可阻挡的变革。

要是人性能发生同步变革也就罢了，问题是，和过去的阶级、民族分化不同，这一次将要发生的是人性的分化，人的性质将发生突变，甚至元间人也要加入我们的行列，这很可能导致不同性质的人共同相处的复杂局面。社会物质资源分配上的不均匀将会被元间资源分配、利用的不均匀所替代，甚或两种不均匀叠加在一起。

真的想象不出这会是怎样一幅复杂、壮阔，甚至难堪的画面，是福是祸尚不清楚，怎样理解祸福的价值尺度也有待形成。

无论如何，对每个具体的人来说，尽管微不足道，每个努力中的人生都是大自然宏伟画卷中一枚精彩的像素，都弥足珍贵。

元间的历史才刚刚开始

娘子：

远的不说了……

2019 年冬开始，一场瘟疫肆虐全球，几十亿人染病，世界卫生组织估计上千万人失去生命。全世界的科学家、理论家，甚至人工智能体系，统统加在一起都疲于应付，神圣的科学体系在这样的灾难面前依然幼稚脆弱，手忙脚乱。

科学还在襁褓之中，哲学更是孱弱蒙昧，在无尽的大自然面前，人仍旧渺小和无知！

要走的路还很长，元间的历史才刚刚开始……